圖書在版編目（CIP）數據

海運摘鈔．下 /（明）佚名撰．-- 北京 : 文物出版社，2022.7
（海上絲綢之路基本文獻叢書）
ISBN 978-7-5010-7574-4

Ⅰ．①海… Ⅱ．①佚… Ⅲ．①財政－經濟史－中國－明代 Ⅳ．①F812.948

中國版本圖書館 CIP 數據核字（2022）第 086627 號

海上絲綢之路基本文獻叢書

海運摘鈔（下）

撰　　者：〔明〕佚名
策　　劃：盛世博閱（北京）文化有限責任公司

封面設計：鞏榮彪
責任編輯：劉永海
責任印製：張　麗

出版發行：文物出版社
社　　址：北京市東城區東直門内北小街 2 號樓
郵　　編：100007
網　　址：http://www.wenwu.com
經　　銷：新華書店
印　　刷：北京旺都印務有限公司
開　　本：787mm×1092mm　1/16
印　　張：16.625
版　　次：2022 年 7 月第 1 版
印　　次：2022 年 7 月第 1 次印刷
書　　號：ISBN 978-7-5010-7574-4
定　　價：98.00 圓

總緒

海上絲綢之路，一般意義上是指從秦漢至鴉片戰争前中國與世界進行政治、經濟、文化交流的海上通道，主要分爲經由黄海、東海的海路最終抵達日本列島及朝鮮半島的東海航綫和以徐聞、合浦、廣州、泉州爲起點通往東南亞及印度洋地區的南海航綫。

在中國古代文獻中，最早、最詳細記載『海上絲綢之路』航綫的是東漢班固的《漢書·地理志》，詳細記載了西漢黄門譯長率領應募者入海『齎黄金雜繒而往』之事，書中所出現的地理記載與東南亞地區相關，并與實際的地理狀况基本相符。

東漢後，中國進入魏晋南北朝長達三百多年的分裂割據時期，絲路上的交往也走向低谷。這一時期的絲路交往，以法顯的西行最爲著名。法顯作爲從陸路西行到印度，再由海路回國的第一人，根據親身經歷所寫的《佛國記》（又稱《法顯傳》）一書，詳細介紹了古代中亞和印度、巴基斯坦、斯里蘭卡等地的歷史及風土人情，是瞭解和研究海陸絲綢之路的珍貴歷史資料。

隨着隋唐的統一，中國經濟重心的南移，中國與西方交通以海路爲主，海上絲綢之路進入大發展時期。廣州成爲唐朝最大的海外貿易中心，朝廷設立市舶司，專門管理海外貿易。唐代著名的地理學家賈耽（七三〇～八〇五年）的《皇華四達記》記載了從廣州通往阿拉伯地區的海上交通『廣州通夷道』，詳述了從廣州港出發，經越南、馬來半島、蘇門答臘半島至印度、錫蘭，直至波斯灣沿岸各國的航綫及沿途地區的方位、名稱、島礁、山川、民俗等。譯經大師義净西行求法，將沿途見聞寫成著作《大唐西域求法高僧傳》，詳細記載了海上絲綢之路的發展變化，是我們瞭解絲綢之路不可多得的第一手資料。

宋代的造船技術和航海技術顯著提高，指南針廣泛應用於航海，中國商船的遠航能力大大提升。北宋徐兢的《宣和奉使高麗圖經》詳細記述了船舶製造、海洋地理和往來航綫，是研究宋代海外交通史、中朝友好關係史、中朝經濟文化交流史的重要文獻。南宋趙汝適《諸蕃志》記載，南海有五十三個國家和地區與南宋通商貿易，形成了通往日本、高麗、東南亞、印度、波斯、阿拉伯等地的『海上絲綢之路』。宋代爲了加强商貿往來，於北宋神宗元豐三年（一〇八〇年）頒佈了中國歷史上第一部海洋貿易管理條例《廣州市舶條法》，并稱爲宋代貿易管理的制度範本。

元朝在經濟上採用重商主義政策，鼓勵海外貿易，中國與歐洲的聯繫與交往非常頻繁，其中馬可·波羅、伊本·白圖泰等歐洲旅行家來到中國，留下了大量的旅行記，記録元代海上絲綢之路的盛况。元代的汪大淵兩次出海，撰寫出《島夷志略》一書，記録了二百多個國名和地名，其中不少首次見於中國著録，涉及的地理範圍東至菲律賓群島，西至非洲。這些都反映了元朝時中西經濟文化交流的豐富内容。

明、清政府先後多次實施海禁政策，海上絲綢之路的貿易逐漸衰落。但是從明永樂三年至明宣德八年的二十八年裏，鄭和率船隊七下西洋，先後到達的國家多達三十多個，在進行經貿交流的同時，也極大地促進了中外文化的交流，這些都詳見於《西洋蕃國志》《星槎勝覽》《瀛涯勝覽》等典籍中。

關於海上絲綢之路的文獻記述，除上述官員、學者、求法或傳教高僧以及旅行者的著作外，自《漢書》之後，歷代正史大都列有《地理志》《四夷傳》《西域傳》《外國傳》《蠻夷傳》《屬國傳》等篇章，加上唐宋以來衆多的典制類文獻、地方史志文獻，集中反映了歷代王朝對於周邊部族、政權以及西方世界的認識，都是關於海上絲綢之路的原始史料性文獻。

海上絲綢之路概念的形成，經歷了一個演變的過程。十九世紀七十年代德國地理學家費迪南・馮・李希霍芬（Ferdinad Von Richthofen，一八三三～一九〇五），在其《中國：親身旅行和研究成果》第三卷中首次把輸出中國絲綢的東西陸路稱爲『絲綢之路』。有『歐洲漢學泰斗』之稱的法國漢學家沙畹（Édouard Chavannes，一八六五～一九一八），在其一九〇三年著作的《西突厥史料》中提出『絲路有海陸兩道』，蘊涵了海上絲綢之路最初提法。迄今發現最早正式提出『海上絲綢之路』一詞的是日本考古學家三杉隆敏，他在一九六七年出版《中國瓷器之旅：探索海上的絲綢之路》中首次使用『海上絲綢之路』一詞；一九七九年三杉隆敏又出版了《海上絲綢之路》一書，其立意和出發點局限在東西方之間的陶瓷貿易與交流史。

二十世紀八十年代以來，在海外交通史研究中，『海上絲綢之路』一詞逐漸成爲中外學術界廣泛接受的概念。根據姚楠等人研究，饒宗頤先生是華人中最早提出『海上絲綢之路』的人，他的《海道之絲路與昆侖舶》正式提出『海上絲路』的稱謂。選堂先生評價海上絲綢之路是外交、貿易和文化交流作用的通道。此後，大陸學者馮蔚然在一九七八年編寫的《航運史話》中，使用『海上絲綢之路』一詞，這是迄今學界查到的中國大陸最早使用『海上絲綢之路』的人，更多地限於航海活動領域的考察。一九八〇年北京大學陳炎教授提出『海上絲綢之路』研究，并於一九八一年發表《略論海上絲綢之路》一文。他對海上絲綢之路的理解超越以往，且帶有濃厚的愛國主義思想。陳炎教授之後，從事研究海上絲綢之路的學者越來越多，尤其沿海港口城市向聯合國申請海上絲綢之路非物質文化遺産活動，將海上絲綢之路研究推向新高潮。另外，國家把建設『絲綢之路經濟帶』和『二十一世紀海上絲綢之路』作爲對外發展方針，將這一學術課題提升爲國家願景的高度，使海上絲綢之路形成超越學術進入政經層面的熱潮。

與海上絲綢之路學的萬千氣象相對應，海上絲綢之路文獻的整理工作仍顯滯後，遠遠跟不上突飛猛進的研究進展。二〇一八年厦門大學、中山大學等單位聯合發起『海上絲綢之路文獻集成』專案，尚在醖釀當中。我們不揣淺陋，深入調查，廣泛搜集，將有關海上絲綢之路的原始史料文獻和研究文獻，分爲風俗物産、雜史筆記、海防海事、典章檔案等六個類别，彙編成《海上絲綢之路歷史文化叢書》，於二〇二〇年影印出版。此輯面市以來，深受各大圖書館及相關研究者好評。爲讓更多的讀者親近古籍文獻，我們遴選出前編中的菁華，彙編成《海上絲綢之路基本文獻叢書》，以單行本影印出版，以饗讀者，以期爲讀者展現出一幅幅中外經濟文化交流的精美畫卷，爲海上絲綢之路的研究提供歷史借鑒，爲『二十一世紀海上絲綢之路』倡議構想的實踐做好歷史的詮釋和注脚，從而達到『以史爲鑒』『古爲今用』的目的。

凡例

一、本編注重史料的珍稀性，從《海上絲綢之路歷史文化叢書》中遴選出菁華，擬出版百册單行本。

二、本編所選之文獻，其編纂的年代下限至一九四九年。

三、本編排序無嚴格定式，所選之文獻篇幅以二百餘頁爲宜，以便讀者閱讀使用。

四、本編所選文獻，每種前皆注明版本、著者。

五、本編文獻皆爲影印，原始文本掃描之後經過修復處理，仍存原式，少數文獻由於原始底本欠佳，略有模糊之處，不影響閱讀使用。

六、本編原始底本非一時一地之出版物，原書裝幀、開本多有不同，本書彙編之後，統一爲十六開右翻本。

目録

海運摘鈔（下）

海運摘鈔（下）

卷六——卷八

〔明〕佚名 撰

民國二十五年上虞羅氏石印《明季遼事叢刊》本

海運摘鈔卷六

六十

欽差專督遼餉户部右侍郎兼都察院右僉都御史

李　一本淮船雇造愆期微臣催

請力竭懇乞

聖明特賜罪斥并祈

嚴旨責成以免誤軍務事照得海運造淮船臣在東

省及督餉屢

疏力言頻且煩矣而至今稽誤者有三蓋事體重大

未有

嚴旨一也差止卑官難于行事二也應發銀兩臣于

去年十月三十日方借動造車銀二萬兩十二月内

臣部專發三萬兩工部蕪湖銀兩亦在十二月内准發以致稽遲三也目前之運迫矣必至誤矣臣心切焦焚于歲裏具疏立以考成之法已經臣部疏覆候行閒適接總漕疏揭據道府呈報淮船捜括之難及云東征舊案原于江浙協助夫地方處處之難臣豈有胸無心不知相體若江浙協造尤臣所感服同舟樂于行者惟是臣前計遠餉百萬則淮船應得二三百隻茲經臣計餉二百萬則淮船非四五百隻不可此因兵計餉因餉計運非臣之過為煩擾也備查東征舊案淮上有造天盗洲有造天津有造江浙有雇而山東則雇本地塘頭船及淮船也臣造雇主於並行其江南浙江協助之説臣向疏

請之而未奉
旨今蒙
旨下臣部覆疏通行矣天盜洲造船之咨臣已久發
祇候新撫臣到任此時想即投行矣其天津見造船
二百隻乏蘇灣造船一百隻登萊并濟南近海州縣
漁船搜括殆盡是臣原未專主於淮上一處也征倭
止計本色七十萬石未及運完而倭平今計餉二百
餘萬糧數既倍船數亦不得不倍矣若武弁卑官原
不足任臣屢疏
請專委司官不得行委淮安府佐一員專管又不申
報無可柰何故委梁聘材以往正謂具咨以請商于
諸臣耳即如經歷程惟守縣丞徐弘諫州同徐應龍

皆卑官也委以錢糧臣寢食為之懸念使兩地有專官力任其事臣亦何委此武弁卑官為哉臣今計之造船又須雇人其費鉅雇沙船則人船俱雇其費省惟在道府諸臣親為查驗毋聽虛報查其雇到沙船實在若干之數先為量給安家行糧押發前來其造者添委府佐會同買木鳩料勒限報完陸續運發銀兩不足即將各司府庫銀不拘起存暫行借用俟加派新餉補還此皆優議價值實動錢糧非强取於民閭者何得言難乎且今日之難不獨一處然也近地直省征兵矣買馬矣運火器矣買騾車矣牛隻矣臣非不知為勞民傷財之事然皆疾首痛心而為之即碎骨糜軀不足酬臣之罪第遼兵十八萬不可減則

本色二百萬之餉不可減餉不可減則所運之舟車不可減此地稱難彼地孰肯稱易惟有束手以任其誤耳十八萬兵齊至之日脱巾一呼彼時臣一身甚微即捐之以謝遼而何濟于遼何益於
國家之大事耶至於遮洋一總此
國初舊制東征曾開之前總漕移書於臣亦謂可行況以二百萬之運可獨責於山東天津二處乎臣前分派疏内已悉而淮上海運所慮者從來止因成山一險耳近登州道臣陶朗先具稟於臣云見臣疏請截漕開遮洋總此議已定即以一半由淮上過成山嘴經赴蓬萊閣該道設有嚮導漁船于成山以待可保無虞此一便也又以一半運至膠州乃商賈常

行之道二日可至一抵膠州盤貯在岸聽道臣陸運一百九十里至昌邑縣之淮河入洋徑達蓋套此即數百年來開膠萊河之遺議畧相同也前按臣畢已建議及之而今為甚便容臣與漕臣再加酌議行之但山東派運已多又接運淮上截漕之糧而省淮上過成山之險則淮上即多為造雇船隻以濟山東亦彼此分任之當然也伏乞

天語叮嚀漕臣與臣一體督同道府作速舉行其天寍洲造船則在江南撫臣督該道府如有遲緩漕臣撫臣與臣一奉考成之法繩之庶猶可為臨渴掘井之計也夫錢糧數至十萬委皆卑官萬一有失誰執其咎今委永平府添註推官來斯行先往督催俟添

註司官到日令之總理其遮洋與膠州議定即于青
登萊三府内責委府佐一員於淮安膠州之間往來
催查船隻而本地府官事權更便其淮安府定委府
佐一員專管尤為喫緊該臣允催不報如有推諉者
該道具報以憑叅究抑臣又有
請焉日來車牛之數以申詳之遲臣未及言責臣以
罪臣誠無辭淮船一節臣敢預為申告
皇上即
下部科查臣於淮船之事一向怠緩不言不催不議
處錢糧以致誤運則速置臣於法以為人臣任事不
預之戒如臣前後諸疏具在
御前臣言之催之議發議借而道府諸臣不行以致

誤運則異日臣不獨任罪也總之臣人微望輕不足
取重致負
任使罪狀甚明原不敢一毫推避但
皇上姑息臣一日則誤
國家大事一日併乞
速賜罪斥以謝封疆以報
皇上而已淮船再遲遼運不行遼事去矣惟
皇上念之

六十一

户科給事中官　　一本為敬攄援遼管見以祈
立允施行事竊照遼左雖緣經撫同心之故河以東
西半步安堵然而奴之不遽來者為養全力耳跡其

去歲尅撫順不即攻清河而逾時迺攻尅開原不即破鐵嶺而逾時迺破養精蓄銳伺釁乘機蓋從來已然今之半歲不動正恐其不動為大耳計春夏間必到遼陽城下不然則出牛毛寨取寬奠不然則遶鳳凰城裡而攻鎮江不然則走金復海蓋四衛遏絶糧道皆事之未可知者地里綿亘兵力單寡不能遠救河東半壁危如纍卵舉

朝臣子猶復泄泄視耶往者播州遠在天末且被我兵一攻即走八囤上有何難劉當時且調海內兵二十餘萬其調之各土司復十四萬不與焉用監軍道者六闔四川一省監司郡邑皆罷撤一切刑名簿書而專備征繕之用又米穀不聞騰貴金錢尚易措辦

令一省轉輸始得軍腹果然因而奏凱今遠為
神京左臂其存亡關繫
宗社是何地方奴酋所向如意是何氣勢我軍敗衂
之後是何心胆清河軍一萬六千逃去强半是何景
象而舉
朝尚泄泄視耶以兵言之聞遠兵除逃外計見在主
客雖八萬而堪戰不及一二萬人薊鎮兵及見在昌
平天津通州等兵遠望之急如星火而司馬之遣行
不嚴司農之發糧不速聚千萬烏合之衆于中乾外
渴之時徵糈不足以飽而迫處未易以安涇原之變
祇恐不在奴後如近者浙兵行至徐州鼓噪賴該道
及鄉紳萬崇德多方慰諭始獲帖然豈非其殷鑒耶

經畧處兵之不精而以科臣簡汰請兵垣處科員晨星無可遣者而即以募兵之臣請奈何兵部若置罔聞也遠兵之來自須到關簡汰若在薊通昌津者與其到關而後汰已糜數百里往復行糧似不若科臣親到各地方就近簡汰為便恐遠之望兵甚殷近兵即宜早發若延緩候汰愈益愆期刻下馬上差官趣令就道此更兵部之急着也至各邊兵之調較腹裏宜多須擇偏裨以下有志氣者統領親丁最為有用蓋邊兵生長塞外胆力雄勁金鼓騎射童而習焉往往喜得殺賊之利走死地如鶩顧其為私恩者盡人而是為公義者百不得一也將官揀精壯而厚犒恩養命曰親丁同苦分甘情若父子

護衛若手足頭目衝鋒臨陣庶幾得之此輩其視奴
奴招徠而令素不相習之將領臨長其上有何情誼
而願為效死乎故臣謂邊卒必貴親丁而領親丁則
非偏裨以下不可蓋大帥富貴已極精神意氣半耗
于聲色半靡于逢迎全軀保妻子之念重捨命蹈險
阻之意輕即不敢以此概天下而此類甚夥若偏裨
之材勇者進取有心出身無路題以英雄之目開以
功名之門而感奮爭先者多矣大抵將官之效死力
為功名者什九為忠義者什一惟名與利可以使人
偏裨起家之始既得啗以高官而又厚其祿廩不妨
寬其出入之數庶可得奔命如飴夫防將官之冒者
防其剝軍自潤耳若以匱乏之故併吝養士之資寒

儉謭薄顧安所得結其驩心而鼓其英氣哉計九塞已多起程若猶未發兵部不可不星速行檄令如臣議者也以餉言之充足未易飛輓復艱各地方官如袁應泰之竭蹶陸輸陶朗先之悉心海運豈可多得若漁洋總一開由漁洋至膠州陸運纔計百里由昌邑入河倣膠萊河遺意此為兩地之便料准上安得推諉如前日耶聞遼倉正月無糧止有海運糧數萬石見貯金州距遼七百里而遥裝運不到臣前曾引同官人運排撥之說若從軍中脱弱不堪戰守者揀出行之亦足濟無車之窮但慮道里悠長晝湌夜臥未知便否是在遼之道臣仔細商酌何如耳聞遼米一斗二錢草一束二分菊柴一束一分六釐每一軍

一馬須銀一錢二分方彀一日之用今止月餉五分馬乾三分軍何以不饑馬何以不死軍又以忍饑不過至奪馬料而速之死謂宜照本色料算貴則加賤則減庶得恤士料餉之宜可收士飽馬騰之效且欲俟遼平未卜早晚屯田接濟經久可行詞臣徐光啟曾於津門地方行之既效者第不識有數之軍能那出脆弱者以教之開墾否此合人運二議總在彼中臣雖遙度而至于措餉則八百萬金之數遍經督撫道諸臣與餉臣僉議不可毫減者而日所加派止四百萬耳尚少其半即以四百萬又以各處征調先行動支者什之六七此立盡之道也即

廷議非不知派于民助于官踵襲于開納者為非是

而無奈計數太侈取盈為難餉臣尚于事例舊册請
旨加添而官若民尚須設法于派助之外總之
王土
王臣當此
主憂臣辱之秋均有爛額焦頭之誼若出兵出馬出舟出車出牛出騾之地亦既苦矣此外省分雞犬稍寧詎容遍擾而儻其所司忠憤激發情願輸將或官或民曲為義舉則又臣所躊躇四顧而不忍言者縱民難再加而官稍曲處或亦可行譬如郡邑中梵宇結緣文昌閣多有經營不日立地告成豈其急公大義而不能為之所乎前年鉅鹿知縣翟拱辰未有議而先首倡迄今談者猶為稱讚至于天下冗員應裁

臣與同官商榷再四乃計所裁即一千員計每員即
一百兩總不過萬金而止然而銖積寸累少可為多
近有專主此議者戶部亦姑試採之若博士談謙益
疏内典當一條臣等亦曾商及但其三十金之為拘
拘而不知南北當鋪子母贏縮未可執一就中裒益
在戶部之速為酌覆耳他若十庫折色歲可得數十
萬臣曾屢
請不報然猶計
俞綸允折
聖明為政而權宜徑折期臣子為政蓋臣舊叨巡視
知該庫設在
内府而臣等外廷難于踪跡雖經驗入而一入之後

烏有子虛往往至于不可問若省直藩府實心為
國經以十庫本色酌其可折者折解太倉但彼此巡
差明知權變互為通融而不以執掌爭有何不可若
恐于
皇上為欺則戶部一疏題
知嗣後仍壓解一年以補原數更權而不失其經也
夫戶部有各攄一得之揭矣愚者千慮必有一得今
決算于智而先限人以愚聞
廷臣亦各攄其愚久矣而不聞採擇此何以解焉頃
初十日臣以職掌入庫驗兑收放纔收得外解新餉
銀十萬登時放訖索然一空至舊餉之無解亦已久
矣興言及此大可寒心以征兵征餉內外各衙門言

之四海大矣遠一隅耳為一隅故而將四海之兵力民力洗索都盡根本内潰識者先憂但病急治標原非獲已今為遠慮當思遠無論存亡不可不固内地而不宜專誘之遠為目前救焚拯溺慮當思遠亡則藩籬既撤又何以固内地而不得不急救遠況無遠即無
京師無兵餉即無遠此理甚明人所易曉若各地方兵卒匱尚可漸補庫貯匱尚可漸充非若遠之一敗而萬有餘喪此亦人之所易曉者臣願出兵去處星速遣兵出餉去處星速解餉而至若主兵主餉兩部是憑在主兵者欲足十八萬之兵必當與户部計八百萬之餉在主餉者急湊八百萬之餉方能為兵部

養十八萬之兵今兵部以錢糧不給不能為各省鎮處補兵馬器械而各省鎮以此不肯調發戶部執稱所司者軍士月餉而月餉外安家行糧買馬製器等項多諉而不肯認以致日復一日兩部曾不聞聚族而謀旦夕省鎮兵一齊出關不知兩部何以了此臣謂戶兵兩尚書當日日造膝講求職方司與山東司兩郎中當時時覿面商究迺視同秦越意各參商兵部不急催某兵當某日到某處某日當勒令出關戶部不思某兵起程當用何餉某兵行月當用何餉某兵出關當用何餉餉不足當從何處那移何處借貸何處搜索而一味大家束手付之長嘆異時遼亡國與俱亡不識兩部堂司諸臣即碎首粉骨何以自贖

耶廼若邊臣事體則亦可言者聞禦奴長技惟車與
砲車營難破杜松之用車而敗者咎不在車乃其輕
率冒進而車不及用也若火砲則
中朝雖有而裝造失傳擊殺不多唯是西洋夷人善
造善放皆精妙有法計一大砲銅重萬斤者可殺人
無算在歲癸卯西洋人僅四百計耳以用火砲致我
閩漳泉販夫賈子被殲于呂宋者四萬今西洋人潛
往粵澳實繁有徒閩人尚多傳得其法戎政尚書黃
業捐多金購閩人之善造者十數輩至京同泰
盜侯造砲于京營已造成火砲一位銅重三十斤不
識經畧亦可遣人赴京授受前法否或即令水衡備
銅鳩工如法製造運送往遼在經畧之所裁之而至

于經畧事權不可不重
世宗朝征倭之役胡宗憲節制七省今
上御極以來火落赤之役鄭洛節制九邊播之役李
化龍節制楚蜀滇黔閩粵浙齊諸省俱聽調遣今經
畧止節制河西河西無兵可調無糧可催馬匹匠役
等項一無可徵發今宜倣往例令九邊及北直山陜
俱得聽節制以重事權庶幾若兵若餉可以徑為檄
取而不至于延緩日時妨誤大事且每事不必關咨
部中亦大省力若劉國縉直聲夙著臺望久隆豈其
不嫺于兵而當日舉
朝推轂迺今全伍私逃毋亦身居桑梓比閭族黨威
令難施且銜列兵曹能轄將官而將官以鄉紳故不

甘受轄除逃兵仍聽當事查補外若國緡久在彼地
終非所宜或令回部仍以職方爲遠内應而贊畫原
缺改爲監軍另推近臣填補此於國緡及國緡所統
之兵皆爲兩便若朝鮮之當救援寬鎮之當屯駐宣
慰使臣如劉時俊之當速遣
廷臣言之甚詳臣不具論如臣言一二可採乞
下戶兵二部速覆施行
六十二
欽差經畧遼東等處軍務兵部右侍郎兼都察院右
僉都御史熊　　一本爲錢糧缺乏之至極軍馬饑餓
至極懇乞
聖明亟

賜裁處以弭眼前急禍事據遼東督理新餉戶部山西司署郎中事主事單崇呈爲軍餉萬分緊急懇乞移咨速發多發以濟軍需事案查萬歷四十七年十一月初四日本職差答應官王廷傑舍人徐惟相領餉十萬兩本月二十日差官周一德武長春舍人孫友成領餉十萬兩十二月初四日又差官韓元吉舍人陳萬策領餉十萬兩四十八年正月初三日又差官于應另并承差舍夜四名餉十五萬兩共四十五萬兩各齎文赴戶部大堂領討去後迄今遠者三箇月近亦兩箇月俱未發來詳催書催并無音耗庫貯餉銀僅僅二萬餘兩止足正月未領糧料支用其二月錢糧何以支持萬一呼庚即罪職何益懇乞本部

院移咨一催速發多發以濟急用但得一言職甘萬死也等因據此該職查得錢糧蒭糗缺乏至今月而極矣正月初旬職親遍詣各倉查問糧草共止蔔秣黃豆數千石尚不彀補支去年十二月未領之數及查蓋套海運糧石搬運已盡各道召買米豆亦交納支放將盡雖山海關三犋牛金復等處貯有米豆尚遠在八九百里六七百里之外即神輸鬼運眼前如何得到況金州三犋牛一帶山路崎嶇非候海水融液雇舟撥運斷不能來正二兩月本色糧豆已屬絕望猶冀折色銀兩足以接濟何意庫貯餉銀僅僅二萬餘兩止足正月未領糧料支用二月錢糧分文無有廼餉司屢屢差官赴部領運而戶部全不發豈以

軍到今日尚不餓不逃馬到今日尚不瘦不死而遼禍到今日尚不太急耶今遼陽小米黄豆斗值二錢七分矣草一束值二分五釐蒭柴一束值一分五釐矣每軍一日連人帶馬須得一錢四分方能過活而所領月餉及馬乾止于八錢軍兵如何盤纏得過如何不賣襖褲什物如何不奪民間糧窖如何不奪馬料養自己性命而馬匹如何不瘦不死今軍以饑餓逃故者已不可言而馬死尤甚姑不具論只如總兵賀世賢所管遊擊盧養材下原馬一千二百餘匹死過八百餘匹而存止四百餘匹魏國忠下原馬一千五百餘匹死過八百餘匹而止存七百餘匹吳天寵下原馬一千八百餘匹死過九百餘匹而存止九百

餘匹王承祚李尚義下原馬各一千數百匹而各死四五百匹恐見此而猶不肉麻者凡搭棚合槽驗料等法無一不詳悉中軍千把總以及本軍無日不細責總兵將官無人不叮嚀告戒然皆以無處尋覓糧草實情實語愁慼相對而職亦口塞無以應事到今日豈但遼鎮生民危數各省鎮官軍危數抑亦邊腹馬匹之危數矣即如前日三鎮連營虎皮驛一帶當賊來路顧遼左瀋為計頗便竟因糧草缺乏恐有乘衆心之欲歸而猖搆訛言者不得不從衆議抽回更番散居近城村屯就食雖鎮將約束極嚴而强奪民糧民草且紛紛而告矣遼陽所屬民間糧草已被軍馬吃盡耕種已是無力田土已是拋荒職為軍愁又

為民愁既為今日草料愁又為他日糧草愁而竟末如之何也近日趲運日逼各部道轉運同知通判各官日夜暴露道途身自跟運昨通判左之似為少車牛忙急無措具稟單郎中有甘學顧道自盡之語戶部試看今日軍馬官民是何情狀而猶漠然不一動念老成執持洵確乎其不拔矣然得無謀國太忠籌邊太精銷兵太速釀禍太劇為催兵馬過急得罪兵部致起介介爭禮之辨今又何敢開釁戶部以重大臣厭煩之嫌為催糧草過急取怨屬官致流過嚴之謗今又何敢瀆催督餉各衙門以傷地方同事之雅軍餓而逃有軍受之馬餓而死有馬受之民被搶奪有民受之官求自盡有官受之顧而誤及

封疆有遠受之臨及性命有職受之危及
宗社自
皇上受之除本職一身而外何以更向當事疾呼大
聲以來過激過嚴之議而猶不敢不以糧草缺乏軍
馬餓死情狀畧畧控訴于
皇上者誠欲使當事諸臣知遠禍只在眼前只在軍
民不在奴賊雖陷職殺身猶得瞑目而不至汶汶以
没也據餉司呈請移咨戶部請發錢糧職自知咨文
不能感動不得不瑣瀆
天聰若此頃撫臣周永春有臣心欲盡臣義當裁一
疏謂戶部不許留餉廣寧給軍買馬無憑支發至欲
請裁巡撫以求移鎮餉臣李長庚有淮船雇造愆期

微臣催請力竭一疏謂漕臣不肯雇造淮船道府推
諉必誤運事至欲
速賜罷斥以謝封疆而二臣之情亦急甚矣職仗撫
臣為家當餉臣為轉輸二臣之急總為職急自入遼
以來撫臣見兵部所兑營驛馬匹及買自宣大市口
者皆羸弱不堪特為職召商另買皆極臕壯可備衝
突又將前項羸弱馬匹留喂廣寧親驗草料直待有
臕方解職驗凡援兵過廣寧例給犒賞行糧以為路
費而山西援遼總兵楊宗業人馬一無銀給遂有縊
死且逃者職聞之急差官賫餉銀一千兩遇路接濟
始到遼陽以致募軍製器一應軍需等項皆其費之
必不可緩必不可少者何可掣肘以誤職事至於雇

造淮船一節尤海運喫緊之務漕臣不早担承道府
各相推諉假令得一任事如永平道臣袁應泰登萊
道臣陶朗先委曲幹辦何至今日尚無成議而所派
牛騾車輛在在告免一似以督餉督撫諸臣為不肯
體恤腹裏地方然者不知遠中前項情狀腹裏諸臣
亦肯亟慈哀憫否兩臣着急尚求裁求斥如職時地
敢言裁言斥惟有以死求救於
皇上而已矣他何望焉奉
聖旨
萬曆四十八年二月二十二日
山東登州府萊州府合屬在籍鄉宦原任四川巡撫
王繼光等揭為運糧騾加多數褊地萬不能供懇乞

酌減以蘇民生以安地方事竊照遼東危困多兵需餉海運途便軍務事殷光等誰非臣子同切急公之義敢言運糧之艱惟近議東省除前米豆三十萬復加三十萬石按地分派登萊二屬貽累殊甚一時人心洶洶倍加憂危光等有不能已於言者蓋自海運之興也米豆出于地方船隻出于雇造夫造船卒不能辦雇船則淮上濟北皆將有自運之糧勢必避匿而不為東人用此其船隻之難辦計料當事者不知何如拮据猶未閑地方之害也廼今日所加米豆則有萬萬難支者登萊二府三面逼海四境皆山鹵地所宜惟稷黍胡麻石田産穀不多粟豆稀少土地皆難于出糶易又難于價其糧食之難出一也在原議

不過曰改折色為本色猶之此租賦耳迺登萊折色非盡皆以粟易也為手藝為傭工為兵卒為紡績以徵逐之錐頭濟土田之不歲其銀錢原非取辦米豆則米豆安得當銀錢之征乎其折色之難原二也將欲責之召買乎而田少人稠地不通商生齒嗷嗷惟食土之毛為命本處既不能糴而鄰村各辦餉事又必無羨粟以相通糴買之難三也往歲運米半出糴粟半碾倉穀登屬倉穀十餘萬皆本道陶守登時歷年來所廾合而集者萊屬米豆幾十萬石俱借充本色田畝無出取之糴買一時價踴四廬若掃前數既已不辦加數又何以支其米粟之難措四也二府州縣居近水次固有而僻處山中者較多有至海百

餘里者有二百里者擔負馱載勞費殊多雖公祖父母處置脚價力為撫恤業已皮骨僅存耳昔日運少民間猶半運而半助今運之多民間皆運而無助矣若更不言者是運糧之難上五也由蓬海以至旅順其程雖近然膠州萊陽之船東轉歷成山之險北去之艘抵遼犯盖套之波往返既艱而交卸守候更歷時日糧之石數太多則運之次數必增海洋風濤朝夕不測恐壠種健兒動供馮夷之一吸尤可痛惜或曰陸運止用民財水運則用民命誠膏肓之論也其海道之難涉六也山東前遇叠災田荒殆盡復業之民瘡痍未起食糧之口不減而運糧之數反增雖豐年且難供此誅求況去歲春秋俱旱禾稼不登萊色

未蘇而麥種太遲雪澤更少今歲春事尚不可知盜有餘力以贍遠乎其年歲之難保七也奴酋有造船之舉截糧之議二府止隔一水民志搖搖已喪樂生之心一旦東征多糧念雨粟之無由苦輸助之無計至上糧之勞費運糧之艱險種種驚心鮮不駭而散挺而走矣民既苦運且加派新餉又與不運本色之異同一搜括怨望既滋則人心之難固八也有此八難即下欲為漏卮之供勢已不能上欲為竭澤之漁或亦不忍況奴酋内訌遼東首膺其禍一切取辦登萊正宜轉腹裡各處之財力供登萊以固門户迺以其近也調兵徵餉反先及而多取非政之平亦非計之得則減兑加糧不獨區區為東人請命實亦固藩

籬之大計耳如恐遼餉必不容少則四海九州賦財孰豐事勢孰緩酌盈濟虛自有標本轉移之道如必執東人而以無藝之征貧民難給事必不測山東非無事之國也人心岌岌思亂無論新派不供恐併前運三十萬亦在不可知之數夫遼東之變山東繼之無謂光等今日不言也為此具揭懇祈
台臺俯鑒利害酌量減免生民幸甚地方幸甚理合具揭

六十三

欽差專督遼餉戶部右侍郎兼都察院右僉都御史李　一本為懇乞
聖明檢發部科諸疏以便責成主持派運分數以求

畫一并祈罷斥微臣以重邊計事日者遼左危急情
形具悉經臣疏内見奉
明旨知厪
聖明宵旰之懷矣抑遼左之所以危急者為兵餉二
事也兵有募發出關之難餉有分派轉運之難分派
而爭求其減轉運而辭以為艱臣之計更詘于經臣
矣備查該臣疏有經臣計兵已定愚臣計餉難緩等
事一疏原因經臣所計兵餉之數臣為分派設處者
伏奉
聖旨這計餉事宜着該部作速議覆欽此臣部據疏
覆請而
旨未下也閱臣姚宗文題為經撫二臣之疏已揭兵

馬錢糧之數等事一疏內有計議錢糧五款僉議極
為可行臣部據覆而
旨未下也又臣題為嚴催造雇淮船等事內催淮船
亦蒙
旨下部臣部據覆而
旨未下也臣又續題為淮船造雇愆期等事一疏內
催淮船并言遮洋總當開及由膠州起程至昌邑淮
河入海之道科臣李奇珍題為淮船勢在必需等事
一疏內款言淮船之當造宮應震題為敬抒援遼管
見等事一疏內言兵餉并及遮洋膠昌海道等議俱
未奉
旨凡此咸遼餉緊切要圖也議之覆之而不

下與未疏者同矣議兵者
下而議餉者不
下無餉與無兵等矣大約遼左之餉折色銀三百一
十四萬兩于内計米一百八萬石可減銀一百八萬
兩料豆計九十七萬二千石牛騾之費計一百三十
六萬兩草料二千一百六十萬束原疏之成槪也由
陸運言之自天津至關每石脚費四錢自關外高嶺
抵遼陽每石一兩以外由海運言之自天津抵盖套
每石三錢三分登萊每石二錢三分而淮上造船每
隻約費三四百金不等雇水手舵工有安家行糧等
項故總計非八百萬不能足今歲之用而況此外募
兵買馬車砲器械等費臣部所屢爭不得而别部屢

為分用者未計於此八百萬之內乎兩次加派之數
纔得其半耳别項搜括之方如捐助稅契優免事例
種種條議假令全完不能足其六七而
明旨一槩不
下各省直何所秉成其紛紛求減固諸臣各為地方
至情而額數已定減之於此將何以增于彼有臣疏
不
下而諸臣疏先
下者得為躭遲亦有兩俱不
下者得為觀望縱云便宜徑行終不若奉有
明旨明告中外以疆事危急不得不爾嚴立責成俾
其竭蹶從事則閣臣近疏所言誠責成之第一務此

臣所望于
皇上者一也原議山東派運六十萬石天津派運漕
糧二十萬石召買一十六萬石順永召買二十萬石
芝蘇灣船隻見少欲借力于天津總計天津亦五十
餘萬之運也而真保密雲等處原俱派有召買海陸
二運議在分行天津山東二處氣力盡竭猶不能足
二百萬之數勢不得不復望于遮洋矣近接總漕大
臣王紀疏揭力言遮船改造已久萬分不可航海而
欲截漕糧三十萬石運至天津入海是天津之運增
八十萬矣總漕向
疏不云乎遠餉海運宜以天津全力行之不可獨煩
淮臣臣所派于山東天津者多而派于淮者少乃欲

併發天津者在天津自能截漕而何煩遮洋之運但以天津一處者而能堪八十萬之全力否乎事理易明臣目擊其決難增者也日者山東撫按二臣疏求減派臣部咨查臣力言難減臣豈甫離其地遂相苛求因遠兵不可減也則遠餉不敢減也而海運之此三處獨山東運道相近且山東以四府而協濟海運天津以一處而兼任薊永各鎮之運茲兩處運數相當非臣有所偏犄于閒也臣愚以遮洋一總
國初舊例而淮揚之運乃東征所行者若云遮船久不習海勢有難强則多雇淮沙二船可以徑達登州慮及成山之險則登州道副使陶朗先設有嚮導所委徐弘諫王裕國雇募空船俱達蓬萊未聞有失斯

近日可循之道也又如登州道條議由淮安抵膠州起陸至昌邑淮河入海而多助登州以船則膠萊遺意尤百世未盡之利也至于山東六十萬之糧雖覺其多然登萊二府歲值有收則民間米粟常苦于變易銀錢或議將應解錢糧徑徵本色或官為加值收糴或以新開事例量減而收之必肯競赴[illegible]東糧往販于淮上若禁其南往今折而之北赴遼亦轉移之術也此臣所身歷其難者而今所歷遼餉之難更倍之倘臣毛髮頂踵有益於遼何惜捐之而不以為并州父老之報哉臣言及此面無顏而心欲碎矣又臣以船隻一事屢屢煩之淮上何敢復苦為爭執第海運三處分派有定此處言多而彼地派原不少一處

求減而他處誰肯復增二百萬之本色派之海者一百四十餘萬行之陸者尚六十餘萬臣之智能索盡矣處處告減臣實不能獨力任之惟祈

皇上勅下本部會同廷臣酌議遼餉二百餘萬臣所派之山東天津淮上三處者何處可減何處可增除此三處之外更有何策則臣願奉以從事如其難為增減則望內外臣工求於極難極苦之中委曲以為

國家紓此急難也試思一十八萬兵齊集之日安所得二百餘萬之餉源源而濟之萬一脫巾集呼彼時虀粉臣身有如鴻毛而遼左能堪此變否耶此臣所望於

皇上之速

下廷臣會議以為
主持者二也臣前在遼左覩經撫二臣支撐之苦心
憔形相對歔欷不過為無兵無糧也無糧之責全在
於臣經撫二臣之苦臣貽其半也况人情一日不再
食則饑臣是司餉不於臣問將誰問者遼左三軍之
責望於臣宜也人臣奉
命一方各思生養安息而今日徵舟明日徵車臣實
為之不於臣咎將誰咎者省直諸臣之責望於臣亦
宜也如車牛不備責臣以誤車牛既備責臣以擾臣
職不盡立有呼庚鼓譟之虞臣職既盡未免勞民傷
財之事以致平時之愛戴變而為括取同心之肝膽
相事於爭持臣之罪大矣臣體素羸弱邇緣積勞百

病交瘁然臣不敢言病祇言罪耳今日之事如火燃
眉如舟將覆如厦就傾而臣猶相爭於文字口舌間
也臣之罪安所逭乎尤望於
皇上之
嚴譴懲臣者三也伏乞
皇上軫念遼餉緊切特將前後部科覆議諸疏立賜
允行并將海運所派山東六十萬天津三十六萬芝
蔴灣派運二十萬淮上派運三十萬之數何處可為
增減其遮洋總既難行或多雇淮沙二船或行膠昌
近道
勑下臣部與廷臣議定以便畫一遵行并罷臣以安
遼左之軍心謝天下之民心倘以罷斥不足重加罪

譴臣實甘之如飴原為
皇上封疆計非為臣一身私計耳事勢至此而不急
罪臣則遠事益不可收拾矣

六十四

山東等處提刑按察司整飭登州海防總理海運兼
管登萊兵巡屯田道副使陶　為海運必難遽增船
糧必難立辦仰祈
聖明速賜賙邊之長策勿循浮派之空言仍
勑當事大臣虛心觀理以圖實效事萬歷四十八年
二月三十日蒙
欽差巡撫山東等處地方督理營田提督軍務都察
院右副都御史王　憲牌前事近閱邸報該户部覆

兩院題減海運遼糧緣由本部移咨
督餉部院查議回稱查得山東海運最近脚價所省
獨多若以所省之價加值以糴于民間似亦無難又
山東往歲登萊之米多販于淮安今南岸既禁其往
則以北至遼陽亦為肯應也况登萊之間民間有米
者每以變換銀錢為難此本部院所親知者若將入
京錢糧准改本色上納于民尤為兩便則六十萬之
派雖多而本部院原非獲已亦望東省院司道府為
協力同心之濟也若云免是非本部院之所敢言矣
至于船隻已行淮安造船五百隻原為山東天津二
處分用之資等因到部覆議具
題訖看得海運三十萬之召買原非坐派之數

餉院惟欲加值以糴于民間所云往歲登萊之米多販于淮安今南岸既禁其往則以北至遼陽亦為肯應不知北至遼陽可否通行淮商果否肯應又云登萊之間有米者每以變換銀錢為難改本色上納于民兩便是以召買之數蓋屬于登萊以銀錢易之果否兩便所稱淮安造船五百隻原為山東天津二處分用未知此船曾否趲完分撥應運若登萊果能召買三十萬該道力能幹辦即廣糴以濟軍興倘商販難召北至遼陽未肯即應亦宜明白聲說以免躭誤牌仰本道即便會同布政司及分守海右道查登萊販米淮安北至遼陽目今有無商賈經行人情果否肯應淮商是否可召淮船曾否報完登萊二郡以銀

錢易米可否買完三十萬逐一查議明妥具由通詳
以憑會
題施行蒙此又蒙
巡撫山東監察御史陳　憲牌同前事等因蒙此隨
移會布政司并分守海右道及備行登萊二府查議
去後續據登州府呈稱該本府看得東省六郡唯有
登州僻居東隅阻山環海地瘠民稀貿易不通商賈
罕至非自今日然也即向來所稱淮商亦只至膠州
行村而止未有涉歷成山之險營求刀錐之利者迨
海運一開淮商裹足該本府節奉
院道明文自四十六年迄今召商之示南至淮揚北
抵德津不啻數十下近復奉

督餉部院召買三十萬之檄再行揭示今又數閲月矣并無一商來應及查南販淮安有子母之利而無涉波之虞北抵遼陽有戎馬之驚而兼風濤之苦今淮商實無一人來非禁之不使南往也南往尚且不應若令北至遼陽又誰肯舍平就險而應之是絕無經行者矣淮船分使誠為便計第令差官數員齎銀巨萬移文該府雇覓該府不啻故紙視之非本部院嚴檄專官往催恐急切不能有濟也若本府以銀錢易米之説又未易言矣客歲盡借八屬起運之銀并整搜府庫數十餘年之蓄僅完十一萬餘目今長支多銀呈請司發尚猶未補即令竭一歲之所入除

内庫邊餉外尚不足四萬兩乃昨當米賤之日運只十一萬餘即費五萬五千餘兩矧今值年歲災祲之後米價騰踴之時錢糧止有此數米價大非昔比恐不能取盈於十五萬之數矣故欲以易買必須加值然與其加值召商而商不來毋寧加值于民而民可辦是陰為救人以寓自救之術也然必有銀而後有糧也乃客歲長支之銀未還而庫藏空虛即欲加值於本地而無米之炊將焉能之為今之計先補前借之銀便足後增之米此猶在登言登也若以兩府三十萬亦宜總計兩府新舊遼餉并起運之銀為數不足更須合之通省加派之銀因糧計價先行借發庶可措手故歲稔即多方儲蓄以待運歲歉則通融轉

輸以濟急總之完此三十萬石而止此猶就召買三十萬而言也若總計四府通運之數年歲之豐歉銀兩之多寡又不可以一定拘登萊歲稔則糴買于登萊登萊歲歉不妨糴買于青濟而計所加之值作為搬剥之費總之完此六十萬石而止然糧備而船不給亦安能飛渡乎又須雇造為急而雇造之任委之卑官小吏不無冒破支吾等弊故當專委府佐以董其事似宜于佐貳員多之府選擇而使則任專而事克濟矣說者曰登萊程近而造船有木駕駛有人收買有米宜專屬之然為路誠近矣彼濟青獨不有近海州縣乎登之萊文萊之膠即不俱轉成山之險而達于濟之霑利青之樂壽乎至於山多砂磧地盡斥

鹵産木有幾即有幾許楊木以之造舟恐難涉險而任重載也捕魚之輩不敢一到深洋駕筏之流安能善持櫓棹而今歲所完之米什三收之本色什七糴之膠州是猶遠糴萊屬也大抵事係軍儲不敢不仰體

部院急國之意故買糧唯在先備多銀登萊兩府分任之而雇船尤須專委一官濟青兩府擇任之則舊運與新添自當勉襄厥事而不敢有所諉矣允若茲也無事召商有益災黎國計軍興其兩相濟乎不然召商不應加值無從打造之借支未償雇覓之多費無出而徒今日議糴明日議運終屬紙上之虛言也萬一誤事誰任其咎耶據此又據萊州府呈稱關會

本府海防廳查議去後今准山東都轉運鹽使司同知仍管萊州府海防事務鮑孟英關稱看得遼左計兵議餉不得不望濟於內地東省災民力竭不得不告減於

司農司農知民力之已竭又慮兵餉之難缺故始終議民運三十萬石之外另議召買三十萬石以足六十萬之數期不失二百萬之額所以為十八萬衆足食計亦思所以寬東省之力也督餉部院疏云天津陸運至關每石脚費四錢自關外高嶺抵遼陽每石一兩以外又疏云山東海運脚價所省獨多若以所省之價加值以糴買似亦無難良以東省之價值雖加尚賤於别處之水陸二運所以為十八萬衆足食

計亦思所以寬東省之力也職謂民間之盖藏止有此數民運此米豆也商買亦此米豆也商人每石不加一二錢誰肯棄妻子涉海洋輕資本而嘗試於風波之險鋒鏑之場乎使加貴而人情肯應彼將增值糴買於登萊登萊之價必因之而騰踴踴至一二錢彼又因無利息而裹足矣是惠商召買終於無濟而反為民運之累夫民運已受累召商又增累則此三十萬所當力辭不待智者而後知也然我辭之而別省肯受之則東省與遼左并受其福我求減而他處不肯任加設使遼左之食如今春之告急脫巾之變竊發於一朝則必歸咎于運餉官之不遵

明旨也卑職加銜理餉身非局外今蒙查議敢不畢

智竭慮妄攄一得以候採擇夫東省之困困於異祲
之餘元氣未復困於本色之運婦子靡甯困於地畝
之加皮骨俱盡民困如此不思所以少息之而使之
重困於遼運有撫民之責者當不若是恝也第遼左
去登萊僅隔一水遼左無餉則無兵無兵則無遼左
無遼左則登萊必被兵被兵之慘尚忍言哉即不然
亦必設重兵以守登萊如今日之守遼陽也於時望
餉於他處亦如遼陽之望餉於今日也防守之害又
忍言哉職思為遼左之兵又思為登萊之民仰體兩
院司道軫窮民之心推廣督餉部院惠商人之意欲
以惠商者惠民似可通行而非所敢必也
督餉部院疏云加值召商糴買職謂不必召商召民

可也不必加多量加可也量加而民肯輸則量加之量加而民不肯輸又漸增之務使小民得霑搬運之餘利少蘇加派之追呼如是而州縣有不各為其民而盡心鼓舞者乎如是而百姓有不各忘其勞而踴躍輸將者乎回視以利誘商人之來而致騰吾民之價商受其利而民受其害不大相懸哉況商人之畏死甚於愛利即召之經年無一應者召商之說非畫餅乎與其懸厚利而召之不來孰若增價值於顛連無控訴之民便可了三十萬無歸着之局似於
國計民生兩有裨益但此舉行之登萊較易行之青濟稍難盖路有遠近而事有生熟也合無俯將民運之三十萬濟青登萊各運七萬五千石而民運之數

足矣登萊分任加值二十五萬仍五萬分派於濟青
則商買之數亦足矣倘青濟之民見利而趨又不妨
於通融攤派以均其利然此必豐年而後可耳若夏
麥秋禾收入稍儉斷不能以取盈也然此必淮船有
五百之數而後可耳若淮安無船則召商之三十萬
雖具終不能以飛渡也年豐屬之天固難預料船隻
屬之人似宜早圖此在
督餉部院主持有非東省之力所能為者等因備關
到府准此覆看無異等因各具呈到道據此又准分
守萊州道右參政陳　手本前事蒙兩院憲牌行據
登萊兩府查議前來該本道看得本色之運前派三
十萬則濟青登萊四郡均任之矣後派召買三十萬

而諸商卒無應者是以萊府有召商不如召民之議而登府有因糧計價先行借發之議夫加值以召民則民不稱苦而有樂輸之心預發以儲運則價不致騰且可為歲歉之備且豐收則召買之數登萊獨任之否則青濟均任之二郡所條陳俱隅垣之妙觀嘔肝之良算也至若預發糧價應自藩司多雇船隻應出淮上自有任之者非二郡之所知也抑猶有說焉民竭蹶而供之上復加派而徵之其何以堪若以加值之數即當加派之數而免其徵則又兩利之道也計今歲登萊二郡所運儲本色已近四十萬其於民運商運且將及額若稍加竭蹶便自足四十五萬之數并可為青濟代召買之勞而特免兩郡加派之徵

則惟在
上人加之意耳等因准此為照海運之苦人人所知海運之害人人言之而尚未知其所以害也追惟海運肇行自登萊始而初年民不稱困惟至加派遼銀而民間之鹿駭魚驚始不可勝言蓋登萊之民最窮登萊之地最薄民窮則徵糴而稍加之價搬運而稍豐其值彼將因以為利而海中行走又有海中之人為之故海運未足為之害地薄則一年之所收不能供一年之食甚者一畝之所獲尚不能完一畝之根本等追呼已自難堪再加以新添之遼餉而民乃貧者逃富者懼并舊額之遼鎮而不完并一應之起存而俱歸之拖欠矣是加派新遼鎮即一如功令每畝

不過三釐五毫而各項之逋欠且每畝三四分是海運未必為民害而害民以至於害海運者實此新加為之祟耳今六十萬之運既已毫不可減三釐五毫之加編又復與不運者而同其徵涉海之畏途驟於前追呼之逼迫乘於後倘無以調劑之誠不知所措手足矣今據萊廳條議即借

餉臺加貴收買之策用以免加派之重困又即以官為之加貴以免民間之騰踴法無善於此者而錢糧之那借已多非厚貯無以供糴運之用船隻之缺乏已極非協濟無能為超海之行則登府之所為計經肯綮之備嘗而特為此激切之懇者也至於年穀之豐凶難必須合四郡而互相推移海路之遠近不同

又須酌四郡而均其勞逸則倭
本院臨時自有權衡有司又不當各持成心以圖自
便者也緣係查議通詳會
題事理本道未敢擅專擬合呈詳為此今將前項緣
由同蒙憲牌理合具呈伏乞
照詳施行
一呈撫按兩院
一牒呈布政司
一手本萊州道
萬曆四十八年四月初六日
六十五
欽差巡撫遼東地方贊理軍務兼管備倭都察院右

僉都御史周　一本為再陳轉運未盡事宜以祈
聖裁事職於本年二月二十一日移咨戶部為奉
旨出關會同料理謹陳目前緊急餉務以濟燃眉事
接部報見該部
題覆前疏內牛騾之派一款謂駕車夫役照新兵例給以安家行糧則所費不貲合無于遼東召募但厚其逐日工食庶安家行糧可省等語卷查本年二月初二日據原任分巡遼海東寧道兼理廣寧等處兵備副使張鳳翼呈為亟據車牛等費以便置辦轉運糧草事呈蒙本院案驗准督餉部院咨照得本部院會疏款內騾牛相為抵算及騾車一輛用掌鞭二夫給以安家行糧前赴廣寧已經通行去訖今各屬解

到騾車未有二夫在遠左向無騾車若無本地慣習掌鞭之人將何出關又致往復躭延已經會同薊遼總督文牌行北直各道及咨行山東河南山西各省撫按并各布政司通行各屬府州縣每騾車一輛速雇攔頭掌鞭夫二名每名先給安家銀五兩以後每月糧銀一兩五錢仍另給出關行糧前至遼左教習三個月俟遼左人熟即行放回其各料草自州縣至關該州縣設處銷算自抵關之日聽本部院委官支給外擬合知會為此合咨貴院煩照來文内事理轉行廣寧道如各處騾車掌鞭人役到彼教演遼人三月習于行使即便放回仍出示曉諭令其安心無慮其議定行月二糧預行沿途速為查給則後者皆

有競赴之心仍希回照施行准此案仰本道如遇各處騾車掌鞭人役到彼教演遠人三月習于行使即便放回仍出示曉諭令其安心無慮其議定行月二糧預行沿途速為查給則後來者皆有競赴之心仍將教演遠人出示曉諭并議定行月二糧預行沿途查給緣由開詳呈報以憑咨復施行蒙此該本道看得闗西車夫安家月糧業有成議無容復贅惟是各役出闗遠涉邊塞米珠薪桂處處為難除應支月糧外每日給行糧銀四分以恤其苦至於教演遠人一節計騾車一千輛該夫二千名欲從營調撥設防衛塞者未易輕移駕使牛車者又難更換欲行僉派而衛中係額軍者既人人擐甲為幇戶者亦在在從戎

即曰召募流移而連年河之東西關之内外無不趣
新兵之伍日來瘡痍未起疊報逃亡不惟倉卒難完
抑且終無濟事莫若將關内車夫仍留在遼常川輓
運其運應支月糧令帶回原籍養贍室家所有行糧
聽各役盤費俟東事平日着令入關似屬妥便也不
然九邊征調官兵鋒鏑在前尚不難遠出而車夫無
臨敵之苦給以厚值而猶不願幾無法矣相應請乞
本院裁酌咨覆施行等因詳報到職已經本職及各
院批允去後今准前因看得駕車夫役取之遼東于
安家行糧固省然于事體似有未便無論遼東不慣
使騾車無人應募即内地騾車鱗次到關駕車夫役
盡行放回不知此千輛騾車能飛至廣寧遼陽乎軍

前需用甚急而内地急公倍切遠左竟不得騾車之用是所省者小而所誤者大也除駕車夫役聽督餉部院仍照原議督發出關外合咨貴部煩為查照施行等因咨行已久未准回咨職料該部之意必以既經具覆難容更易而不知安家銀兩餉臣李　久已給發若不准開銷將就各車夫家屬追之乎抑扣其月糧補之乎追家屬則内顧益切扣月糧則糊口何賴是追之逃也計臣之苦心計算豈不曰各役出關止供輓運與衝鋒不同遠左用餉不貲省一分有一分之用也職非不知體諒但各役一聞出關心膽俱裂若不以安家鼓舞之誰肯趨赴今支領已久勢難追還食言失信將來何以用人先是原任廣寧道

臣張鳳翼以遼左駕車之人無處召募欲各役常川應役議于月糧之外再給行糧以月糧養其室家以行糧為彼用度無非曲示招徠之意然行糧云者未到地頭沿途逐日支給者也今計臣既不準開銷安家若月糧之外再給行糧職固不敢為該部强也以職愚見已給安家免追每夫止月給糧銀一兩五錢行糧免支既不使餉臣失信于各役亦不令各役重縻乎餉銀似為得之耳查得出關騾車止八百三十五輛計夫一千六百七十名每名安家五兩共銀八千三百五十兩為數不多計臣亦不必苦苦爭執也職因此而又有請焉頃户部等衙門一本會議畫一事内除順永二府援兵駐劄及轉餉銀鞘器械糧草

登萊二府轉輸米豆皆重疊苦役除此四府量加一釐外其餘每畝量加二釐約有一百二十萬內分二十萬為工部器械之用其一百萬為兵部安家與馬價之用該部思慮周密區別均平職甚服之惟是就該部止派一釐之意而推之亦既知四府之苦矣則何不併此一釐而盡寬之乎職前見登萊鄉宦公揭所言二府運糧八難字字欲泣餉臣所派海運六十萬不知費幾許劑量豈其夙所撫摩之地而頓忘軫恤不得已耳前數似難求減但新增一釐倘邀
聖慈
寬免即為二府運至蓋套脚價之用彼自不敢不竭蹶從事矣至順永二府自有遼事以來騷擾極矣前

運送遼陽火器等件皆係雇覔驢頭馱載與驛遞無
干誠以驛遞疲累已極靠驛遞不免誤事耳餘姑勿
論即職前移咨工部討盔甲二萬頂副廣寧急需望
眼幾穿頭運已于二月二十六日出京至今尚無一
出關者據押解委官蔡可賢禀稱頭運盔甲在撫寧
縣二運三運盔甲俱在沙河驛四運盔甲在玉田縣
各因車輛不敷在彼堆積乞移文軍門催發等因職
已差役持令箭督催又移書督撫文　催發顧終無
奈各驛之疲敝何也職謂二府新增一鞏併行寬免
加添各該驛遞者也職非不知加添一鞏原為遼左
而為順永求寬似覺越俎然遼左轉輸全靠順永順
永病遼援益絶職安得避越俎之嫌而不一籲

請于我
皇上之前耶至登萊雖職桑梓然職前
疏欲登萊糧俱卸盖套省遼左盤撥之煩重東省凌
波之苦職身既在遼知有遼而已矣不知有桑梓也
至于四府加銀一釐原係輸之太倉者共計減免銀
若干仍裒兵工二部應得之數補之各省并不許引
以為例再照任事之人難得職待罪遼左以來眼見
慷慨任事獨永平道臣袁應泰登州道臣陶朗先在
袁應泰已陞巡撫建牙有日而陶朗先拮据二年備
極苦心聊為加銜示酬以鼓人臣任事之意又今日
之急務也職謹會同總督薊遼文　經畧熊　督
餉侍郎李　巡按山東陳　具

題伏乞
聖明省覽即
勑戶部及吏部議覆施行
本年四月二十五日該
戶部尚書李　等一本題前事山東司案呈奉本
部送准巡撫遼東周　揭稱云云等因到部送司
卷查先該遼東撫臣咨爲奉
旨出關會同料理謹陳目前緊急餉務以濟燃眉事
該本部看得遼左兵馬雲集本折不支而凡事減省
一分以實一分軍餉此本部措餉艱難諒亦當事者
所同心也所謂牛騾車夫召募遼人厚其工食或可
省安家等費況經臣牛隻之疏已議牛一日三分夫

一日三分原無安家今遠撫以每夫安家銀五兩復議月糧一兩五錢帶田養贍又議每日行糧四分月計一兩二錢除安家之外每月得銀二兩七錢但山陜援兵用命衝戰除月糧外養贍遠者六錢近者三錢乃駕車夫役反得一兩五錢之養贍過于西兵數倍恐西兵聞之必將援比告添且遠左所汰不堪戰者甚多何不爲轉運之用昨兵科亦有以人撥擺之疏業具覆照行何獨駕車不可哉今既該撫咨會前來事關餉務本部似難專主相應知會酌妥等因移會督餉部院酌議去後今准咨稱查得原派騾車一千輛因遠左向無騾車其人不習趕車爲何事勢不得不用關內之攔頭掌鞭夫二名而各夫畏憚出關

如赴湯火聞風裹足故每夫議給安家銀五兩月糧銀一兩五錢行糧銀一兩二錢前至遠左教習三個月俟遠左人熟即行放田以示招徠而其實州縣雇募尚有私自加賠溢于額數之外者此一時權宜之計也續據廣寧道呈稱遠左無夫可用莫若將關内車夫仍留在遠常川輓運其行月二糧照舊支給此亦不得已之苦心也但新餉措處維艱遠事蕩平無日不可不為裁抑以為經久之計昨接遠撫手書謂支給月糧而行糧補之若赶車夫已派有銀差夫役不必用矣其議深為得計及查各處車夫出關畏憚先議安家銀兩該地方有奉文預給者又有抵關已給者今若不准開銷則無可追補反增其苦合無查

照各州縣有未經給完者每名止給四兩扣其一兩
已給完者准其開銷行文遼左每月扣其月糧一錢
約以十月扣完一兩之數以後支給月糧不與行糧
則于招徠之中亦寓節省之意等因到部即欲咨復
間復接遼東會題前因相應一併具覆案呈到部為
照遼左新餉事出創設原無完額但有不得不通融
者臣不敢膠柱也又有不得不斟酌者臣不敢濫觴
也蓋一錙一銖皆民之膏脂而用一錙一銖又似臣
之膏脂也是以關外騾車掌鞭之役每名議給月糧
一兩五錢與遼陽衝鋒破敵者同矣而又給以安家
似可減也又給以行糧似可止也此又臣部移會餉
臣所斟酌者也今遼撫亦與餉臣會議騾車掌鞭之

夫每名月糧一兩五錢外而未給安家者可減也已
給者不可追也而行糧俱可止也但查已支安家八
千三百五十兩每人即扣還一兩似不為過然會支
領日久似已花費則已支者准其開銷免扣可也然
行糧既止而月糧一兩五錢相應照給可也若出關
之兵約有十萬而簡汰不堪戰者亦不少正可輓運
兼以舊額之兵總計則近二十萬遠撫踈報出關騾
車八百三十五輛計夫一千六百七十名且本地召
兵動以萬計而車夫一千六百七十名餘遠豈不能
辨此即遠人不善御然教之既久習與性成豈有不
能者轉運儘有人而必用關内之夫恐遠人習于偷
惰非教之之道也今即三月不能慣熟或再加三月

以半年為期似無不可至於兵之新議再加二釐以順永登萊四府止新加一釐者先日會議時臣亦再四躊躇登萊有海運之煩順永有驛遞之擾欲從寬免但為兵工商三處額數不敷則不得不加然止加一釐亦屬體恤矣臣又念及加派至再小民何堪復議加派一年者即免帶徵一年則可以甦民力亦以沛

皇仁也今撫臣欲將四府新加一釐請為寬免但係兵工算定數目去一分則少一分况已奉

旨通行乎即云免兵工二部應得之數補之恐二部又以為難矣惟在道府督勉郡邑寓撫字于催科似兩便也臣於是益知有治法不可無治人有治人不

可無鼓舞臣前疏所稱省直疏解之臣有實心任事者破格優處如怠玩誤餉者指名究參亦此意也況道臣袁應泰陶朗先拮据二載備極苦心在應泰陪建牙而朗先猶然舊物則加銜示勸委不可緩也相應移咨吏部速為優處待東事既平另為超擢則一經鼓舞而凡省直措餉轉餉之臣無不奮勵而遠餉大有裨矣

六十六

山東等處提刑按察司整飭登州海防總理海運兼管登萊兵巡屯田道副使陶　為海運數多量議增派以濟時艱事據濟南府呈萬歷四十八年三月十八日蒙本道案驗本年三月初十日蒙

欽差巡撫山東等處地方督理營田提督軍務都察
院右副都御史王　批據濟南府申加糧二萬石加
造船十隻緣由蒙批齊河去歲准折應派海運其餘
四縣去水較遠可否分派登州有無新造船隻可發
仰海防道速查議報蒙批到道案仰該府即查齊河
縣去歲准折應派海運其餘長清淄川肥城臨邑四
縣去水較遠可否分派登州委官新造船隻可否分
發作速查議妥確以憑通詳施行蒙此案照本月十
四日蒙巡撫山東監察御史陳　批據本府經歷司
呈前事蒙批派糧造船不容須臾緩如議嚴行催辦
此繳等因抄呈到府又蒙分守濟南道右參政程
批據本府申同前事蒙批據議增米增船具見援遠

急公之意蓋不得已而為之想各州縣念切同舟必不稱厲將努力饒為之仰府一面速行各屬知會一面候
兩院詳行此繳蒙此又蒙布政司批據本府申亦為前事蒙批米船依議增加繳蒙此又蒙海防兵廵道批據本府呈前事蒙批六十萬之派部覆毫不肯減上下正爾憂惶該府早為計議足徵急公遠猷仰候院司道會議行繳蒙此俱經備行各屬知會候派外今蒙前因該本府查看得齊河縣先以見徵漕糧暫免亦派三千石然令奉文准折合將徵完漕糧正米六千石即作海運之數其耗米行糧一千四百四十石應變價并輕齎等銀以作水脚之費新加三千石

相應免派其長清臨邑淄川肥城距海果遠亦不得
已為急公議派也今齊河縣既添漕糧三千石合無
酌量淄川縣尚無正官量減去二千石止派三千石
肥城縣去水尤遠前派二千石應減去一千石止派
一千石似為適宜以上連武定州續加三千石仍足
二萬石之數至於登州委官新造船隻見在濱州等
處頭運遠糧俟回日止可載二運齊東濟陽青城歷
城陽信等處米豆今新加二萬石州縣奉行在後尚
恐苦於難完合用船隻當請海道撥發回空船隻及
新造船三十隻挨次序發庶後運有濟統候轉詳允
日施行等因具呈到道據此本年四月初二日准布
政司照會查議得海運之數加多則應運之處不得

不為增設若論距海相遠竊獨長淄肥臨四邑為遠
哉通查濟屬俱不得言近今濟府既議長清等四處
添糧造船相應速從猶恐緩不濟急倘登萊頭運有
田空之船或淮安有僱來之舟酌撥濟屬若干隻共
為協運然非本道之所能預定其數也等因准此為
照該府海運遠糧初派八萬石分任於濱州等十二
處而不及齊河者以其被災而免漕亦當以災而免
海也今該縣見有預備之漕糧改而為海糧則一轉
移間而可得遠餉六千石矣武定原係議運之數量
加三千亦不為累淄長肥臨四邑去海較遠而并議
派運乃該府急公之盛心似亦當如議允從以為任
事之勸至於船隻打造派之各屬共添十隻纓冠之

誼最為切至總聽該府斟酌督率倘患于材料之難
覓工匠之未諳本道即當撥發海船以濟之期於共
足
部覆六十萬之數而已矣今准藩司并該府酌議前
來俱各相同惟候
憲裁以便遵行緣蒙批仰查議報事理本道未敢擅
專擬合呈詳為此今將前項緣由同蒙批詳理合具
呈伏乞
照詳施行
一呈 撫院
萬歷四十八年四月十六日
六十七

欽差整飭登州海防總理海運兼管登萊兵巡屯田
道山東等處提刑按察司副使陶　為仰遵
明旨酌議海運等事照得鋪墊一節在此填鋪艙內
防糧濕浥之虞在彼圈圍露積防糧風雨之患乃兩
地必不可少之物且係官銀置辦之物船役往往視
為囊中之物或領銀入己不行置買或交卸已畢潛
地私賣或未交而云已交或半交而云全交押運官
回空之後既行調撥此物兩地虛實無憑可對今議
設稽查小票交卸已畢付船户執回權作小收候本
官討取遼東委官印鈐實收填註長單一總申繳以
便查考今據登州府將刻過小票繳報到道合應通
行遵守為此牌仰本府官吏照牌事理即將發去小

收票一紙照式刻刷發遼東收糧官遇有運船在彼
卸完填註鋪墊用與不用或半用或全用給付船户
回繳以便酌發鋪墊之價即為全給半給免給差等
具刊發過遵行過緣由并令各州縣并各運官具各
遵行緣由報道查考毋得故違未便須至牌者

計發去小收票一張

一牌濟南府　青州府　萊州府

萬歷四十八年四月二十日

六十八

山東等處提刑按察司整飭登州海防總理海運兼
管登萊兵巡屯田道副使陶　為遮船改已久萬分
不宜航海謹據實直陳仰祈

睿斷以保全
國儲民命事萬歷四十八年四月十七日蒙
欽差巡撫山東等處地方督理營田提督軍務都察院右副都御史王　憲牌前事准
督餉部院李　咨內云遮洋一總
國初舊例而淮揚之運乃東征所行今遮船不可行而三十萬漕糧不可減希議多雇沙淮二船以一半由海一半運至膠州起陸至昌邑淮河入海而多助登州以船則膠萊遺議尤百世未盡之利此登州道陶副使設有嚮導徐弘諫王裕國雇募空船俱達蓬萊斯近日可循之道也至於由膠州起陸抵昌邑入海則貴院亦已疏及惟山東代淮上之運應助山東

以船二者聽
總漕擇便而行除咨覆
本部及
總漕外為此合咨前去希為查照施行等因又准
戶部咨為糧草罄盡至極等事內稱查照題奉
明旨內事理一面移咨差官淮上守催所派遮洋一
運及造雇船隻一面檄行海防道查照原派數目并
照原題定分管地方作速開幇揚帆啣尾務要相繼
無間每半月將運過數目報部查考等因到院除案
行該道查照外查得漕糧三十萬石原係分派淮上
轉運之數與山東無干今欲多雇沙淮二船以一半
由海一半運膠起陸夫海洋可行則三十萬不難直

達緣何分一半起陸且陸運至昌邑用何船隻裝載淮糧因成山阻隔乃舍舟從陸何云多助登州以船殊所未解且本院止督山東糧餉淮糧非東省之事也據

餉院咨則云山東代淮上之運據

部咨則曰差官淮上守催是以山東而兼淮餉甚屬可異事關急務合行查議為此牌仰本道即便會同布政司萊州道即查淮糧三十萬石可否一半由海一半由陸膠州有何倉廒堆積有何人夫搬運搬至昌邑下海處計該程途幾百里至昌邑有何船隻裝運淮糧起運是否可濟登州船隻齊淮分境緣何着山東代運緣何併令山東守催務須查議明確通詳

兩院以憑具
題文到限三日內回覆毋得遲延未便蒙此本月二
十一日又蒙
巡按山東監察御史陳　憲牌准
撫院會稿准
督餉部院李　咨同前事等因備牌行道蒙此又准
分守萊州道右參政陳　手本抄蒙
督撫軍門憲牌准
督餉部院李　咨文亦同前事准此已經備文移會
布政司并萊州道及行登萊兩府查議去後未准議
覆前來今據登州府呈稱關准本府海防理刑二廳
關稱看得遼左用兵糧餉告急此臣子同心戮力之

日普天率土何分彼此安問勞逸但職掌欲其分明責成欲其勝任分管含糊必將以此之擔當而成彼之諉謝力竭不已又將以後之失誤而棄前之勤勞漕運主糧者也無事運京有事運遼此淮事也即以分派論民運三十萬商運三十萬此山東事至截漕三十萬則淮事也山東與淮原不容錙銖推諉頃但以六十萬之力不足故欲借截漕之三十萬以補遼糧之缺以減山東之額又恐淮上以成山之險為辭故為指膠州起旱昌邑海口上船之一路然亦不過假之以途為之指示至於船隻使費自是淮事不容諉也今六十萬之額不可減山東之力已竭乃部院一則曰代運再則曰守催是以淮之事為山東

事而六十萬之外又加三十萬也不知彼臨清一帶漕運誰為代之而誰為催之故截漕一事宜聽淮之自為計而近日天津又新開中路若以漕糧入漕河直抵天津達於遼左抑亦不煩起旱而遼糧攸賴矣至於倉厫搬運程途遠近船隻有無皆膠州昌邑之事似宜問諸萊州百聞不如一見非登之可得而臆決也緣由備關到府准此該本府看得事係軍儲固當以同舟期共濟地方職掌尤難以推諉混責成海運山東由二十萬加至三十萬又加至六十萬民窮力竭無可控告不得已因

部議截漕糧三十萬多雇沙淮二船由海達遼而令山東招嚮導因而有半海半陸之說由陸者欲其以

避險行速而搬運堆積在淮上自為之盖計其省費較之由漕抵津尤什佰也由海者欲其不以空船徒涉故載糧以行此後則俱陸而不海而此船可在昌邑裝運矣大抵初意欲截得漕糧三四十萬即可減得山東三四十萬盖漕糧即不餉遼猶是運也誠取彼以抵此則在淮上適得舊運七十萬之多而在山東實受只運二十萬之惠矣總之共成九十萬而止固非山東之代淮上也及查濟登州以船者盖謂原議淮上多雇淮沙等船半由淮上達膠南半由昌北抵遼左為程各不甚遠則所省餘船可濟登州云爾何為以船酬代運也盖山東非唯不能代且無事于代也既無事于代又何庸于催乎是由陸之議盖欲

增淮以減齊為之畫道部文或未前後細加參閱耳然今抑又有説馬建議之初是當中路未開之時誠恐漕糧北抵津而津船有乏蔴之險東過齊而齊境有成山頭之艱故為之拈出此途以直抵遼陽且借以多截漕糧減孤民運一以佐公家之緊急一以紓部院之懸望而膠萊遺議又其後矣今乃以此為自招代運守催于本省是不得減四而為二且適以益三而為九恐非智者之自謀也且今天津中路已開矣則當于所截漕糧不必赴膠昌亦不必由成山聽其照舊由河抵津而津船從中路運之則在淮秖行其故事而山東固不為代運亦不必行催矣如此則

膠昌之裝載道途之遠近不問可也緣由具呈到道
據此該本道看得繆昌之說雖倡之本道而其立言
之意盖謂淮上截漕由此搬運可多截數十萬便可
免山東六十萬之派是欲淮上代山東非欲山東代
淮上也又謂淮上既代山東而加截漕糧淮人即當
多備船隻以取便而山東既免運則餘下之船隻不
妨撥與淮人以助之是指登萊得免運而言非指登
萊不免運而言也原揭見在
餉臺笥中原書亦在由主政案頭皆可覆按者今山
東所派之六十萬既毫不得減則自己之船隻尚且
仰給於淮揚而安得有船以供淮人之用自己之轉
運尚欲求改於截漕而安得又代淮人之漕此又理

所甚明不待辯者况在今日淮人亦無籍於膠昌之路為也何也

餉臺初謂成山險天津迂耳今天津海運業已通行又新開中路不必由芝蔴灣徑可直抵遼陽人工脚費事事省便而漕糧由漕河達天津自是正途一抵津門即盤入津船由中路不六七日而至遼視膠州之造倉收貯造車陸剝轉輾數手遲速懸殊舍速弗務而務其遲知淮人之必不為也而淮人即欲用膠昌之路其勢亦不能也何也

餉臺初謂遮洋船尚存淮揚有海船可雇故意漕糧到膠耳今遮洋已改造而全無海船只應天津之五百隻尚屬未集而何處覓船入海而泊至膠州又一

半途成山而到遼也至於代之一字尤東省之所萬萬不敢當者古人云庖人雖不治庖尸祝不越尊俎而代之善乎登聽之議曰漕運主糧者也無事運京有事運遼此淮事也誠如是而東人可代乎哉敢代乎哉故膠昌之路一也若用以載天下之漕糧以免東方一隅之加派又用見成之遮洋悉免東方之雇造則淮上不覺其難而山東得蒙其惠是職倡議之初心也彼一時也若用以索東方原無之船隻疲東方已竭之民力侵淮上本等之職掌加山東分外之責任舍天津已成之坦途增登萊無效驗之勞費是非職倡議之初心也此一時也夫

部院移咨之意無非欲此路行而遼餉至耳今權之

遲速既如彼較之難易又如此則淮人之治淮東人之治東亦如尸祝然當不待職詞之畢矣惟復別有定奪緣係查議通詳事理本道未敢擅專擬合呈請為此今將前項緣由同蒙憲牌理合具呈伏乞

照詳施行

一呈　撫按兩院

一牒呈　布政司

一手本　分守萊州道

萬歷四十八年四月二十一日

海運摘鈔卷六

六十九

山東等處提刑按察司整飭登州海防總理海運兼管登萊兵巡屯田道副使陶　爲仰遵
明旨酌議海運事宜懇乞
聖明俯賜採擇以安内地以重軍需事該本道會同萊州分守道右參政陳　會看得頃因遼餉告急以山東切近遼陽彼中雲霓之望
廟廷督責之嚴視他處獨加先焉而山東固無船無糧之地也今米豆徵收於本地州縣竭蹶分理府廳多府聚粻已合成數可濟急需但船隻雇造於南京淮揚蘇松瓜儀等處者所委之官不過經歷縣丞官

卑職微不但數萬之金錢難以輕託即一應鳩工課
匠雇人領駕之務以卑官處之威令全無人心不奮
甚而因緣為奸俱所不免無惑乎歲月之徒延而人
船之杳然也近見天津因淮船後期特差永平府推
官來斯行前去催趲夫淮船督催有道府分理有州
縣領押有將校而猶不廢趲程之府廳則登萊之造
雇於隔屬懸望於數千里之外散布於五六處之遥
者安可乏人專理其事耶查有萊州府同知鮑孟英
先因違銄特
題加銜運同專司運事今萊糧全完止缺船隻堆積
守候告竣無期合無比照天津專差來推官事例特
委本官前去查催料理刻期報完庶糧石藉以渡遠

而錢糧亦有稽查矣緣係請委府官催督船隻事理
本道未敢擅專擬合呈請為此今將前項緣由理合
具呈伏乞
照詳施行
一呈撫按兩院
一手本萊州道
萬曆四十八年五月初五日

七十

山東等處提刑按察司整飭登州海防總理海運兼
管登萊兵巡屯田道副使陶　為水兵原駕戰船懇
乞調用以備緩急以固海運事據登州府呈萬曆四
十八年二月二十四日蒙本道案驗蒙

欽差專督遼餉户部右侍郎兼都察院右僉都御史
李　批據整飭海盖兵備屯田道副使康　呈前事
案照先蒙
欽差巡撫遼東地方贊理軍務兼管備倭都察院右
僉都御史周　憲牌據山東都司管援遼水路遊擊
事周義禀稱近閲邸報蒙
本院深憂遠慮
題將遼陽見在水兵移駐黄骨島調取天津戰船防
守等因卑職看得黄骨島金復等處實登萊之門户
乃極衝之要區况奴酋狡計百出萬一乘虚而入直
任長驅望塵束手將何底止今蒙議立重兵添設道
將誠萬全之訏謨也水陸兼備戰船萬不可缺既將

天津戰船調取防禦其登州水兵原駕沙唬等船六十八隻划船六隻除見在遼東沙唬船三十一隻划船四隻外其駕回唬船三十七隻划船二隻見在登州停泊且遼東存亡呼吸攸關今既蒙
本院題
請同室同舟政在今日合無稟乞及時調用以備防禦等因到院據此擬合調取為此備仰本道即將登州水兵駕回唬船三十七隻划船二隻應否調回防禦作速查議詳報以憑施行等因蒙此查得登州水兵原駕沙唬船六十八隻划船六隻内除奉文留在遼東防禦沙唬船三十一隻划船四隻外其駕回唬船三十七隻划船二隻見在登州停泊與其橫於海

三

角汛然置之無用孰若調取前來以資防禦亦餉道
之捍衛而登萊之外藩也既經援遼周都司查議似
應俯從緣由蒙批如議行繳蒙此已經移會周都司
未准回覆再照萊州米豆卸於旅順金州北汛口三
處者尚有九萬四千九百餘石今雖撥車裝運奈路
途窵遠牛經一運而疲再運而倒死者相望矣目下
海開藉船撥運正苦船少且芝蔴灣亦需船裝運合
無將周都司前議登州船隻
本部院檄行登州道調取前來半發旅順等處半發
芝蔴灣以備急運其於軍需或亦少裨乎等因蒙批
仰登州海防道查議報蒙此備案仰府即查登州水
兵駕回唬船三十七隻划船二隻應否調回遼東搬

剥防禦遼與登雖云唇齒登州備禦亦藉水兵船隻盡行調去登州無船緩急有無相濟逐查妥確細具應否情由呈詳前來以憑覆議轉詳施行蒙此該本府看得登遼兩地相隔不遠防禦搬運皆屬一體今遼左既經添立重兵欲調前船去彼防禦及剥運萊糧亦屬便計第登州海防尤屬要地奴酋懷登州轉運之譬為造船侵犯之舉欲絶糧道蓄謀久矣固未嘗須臾忘遼亦未嘗頃刻忘登也況前船原係登州防海之具援兵盡赴遼陽攖城船以空閑始撥搬剥所宜盡掣回登防守者則在登之船妥得復議過遼也遼固當防登之海口不下百餘前船盡數在登猶不足用且今奉院道題請得

旨招募水兵數多方議取回在遠之船以備防禦而
反調在登之船耶登州沿海實係全省咽喉而猥云
橫於海角置之汎然無用乎目今防海防運兩事綦
重前船似應免調據此又據海防同知宋大奎呈稱
遵依隨用手本移會總鎮府查議去後今准本鎮手
本回稱據中軍李承徜會同水三營把總李天培趙
賢佐署中營事哨官周良將回稱切照山東全省三
面隣虜盈盈一水上接天津下連淮海延袤三千餘
里緊要海口不下百十餘處俱係極衝先年原設水
兵九營後因承平減留水兵三營沙唬等船有一百
餘隻備禦倭虜分布尚且不足今於四十六年奉發
援遼因內地空虛復撤船募兵僅足三分之一海洋

遥濶左支右吾澳港空虛顧此失彼今復蒙造船瓜州募兵浙江至期未的緊急警報朝不保暮且入寇門户非止黄骨島一處近聞被擄遠人充為嚮導萬一别生狡計徑取船直指登萊一帆瞬息可到形勢寡弱作何支撑見在兵船因去歲春秋二防遇颶傷損不足五十餘隻再若調去如蹈無人之境矣在承平之際猶且不可疎防况今多事之秋焉能舍己芸人若遠左調去前船職等未敢輕議等情具呈到鎮據此該本鎮看得遠左告警安危與登共之誼切同舟理宜隨取隨應第登營見在之船僅止五十餘隻目今挑選發營新兵尚苦無船為防汛之用而往南打造者又未可計日而來審時度勢似難遽從所請

也事關軍
國重寄本鎮未敢輕議等因回復到廳煩請查照轉
報施行准此隨該本職看得奴酋猖獗强梁無忌近
聞見在烏江造船其意欲要越海阻截運道切思吾
登與遼相隣盈盈一水一帆可至况奴酋狡計千端
萬一有警將何爲戰守也且登州之海口俱係極衝
之要地先年因倭犯警設有水兵九營後倭吿寍減
留水兵三營止存沙唬等船一百餘隻備禦倭虜分
防尚不足用四十六年奉發援遼彼處已留沙唬船
共三十一隻𠜲船四隻其駕回登唬船三十七隻𠜲
船二隻與在登船共有五十餘隻因不足防禦方差
官往瓜州造船浙江募兵以備戰守尚無至期若將

前船調去倘有不測將何禦敵各等因備由具呈到道據此為照登遠止距一水唇齒相依固遠即所以固登防登亦所以防遠也查登營兵船之設非自今日始蓋自平居無警之時已為夷虜揚帆之慮矣況今奴氛日熾烽警四聞從前承平額設之船業為援遼調去其半方在

特疏補造以固吾圉矧今僅存之數艇落落晨星方憂自顧不暇之時又何暇以其餘户抽調搬運為舍己芸人之事耶該道所云横於海角汛置無用者或指遼中無警兩相偷安之日而言似非近日存亡呼吸之情景也況遼左兵餉太半取給于山東必山東可守而後糧餉可繼故遼糧固所當運而根本又所

當顧也登營兵船在遠者尤當發還在登者定無可
去之理耳緣蒙批仰查議報事理本道未敢擅專擬
合呈詳為此今將前項緣由同蒙批詳理合具呈伏
乞
照詳施行
一呈　督餉部院
萬歷四十八年五月初八日
七十一
巡撫山東都御史王　巡按山東監察御史陳　一
本題為海運增繁財力大匱謹陳萬難之狀勉攄一
得之愚仰冀
聖明軫念事先該臣等題為海運必難遽增船糧必

難立辦仰祈
聖明速賜賙邊之長策勿循浮泛之空言仍
勅當事大臣虛心觀理以圖實效事該戶部覆臣等
題減海運遠糧緣由本部移咨督餉部院查議回稱
查得山東海道最近脚價所省獨多若以所省之價
加值以糴於民間似亦無難又山東往歲登萊之米
多販於淮安今南岸既禁其往則以北至遼陽亦爲
肯應況登萊之間民間有米者每以變換銀錢爲難
此本部院所親知者若將入京錢糧准改本色上納
於民尤爲兩便則六十萬之派雖多而本部院原非
獲已亦望東省院司道府爲協力同心之濟也若云
減免是在本部主持非本部院之所敢言矣至於船

隻已行淮安造五百隻原為山東天津二處分用之
資等因到部覆議具題奉
旨隨牌行登萊二道查議去後今據登州海防總理
海運兵巡道副使陶朗先呈據登州府呈稱該本府
看得東省六郡云云又據萊州府呈准山東都轉運
鹽使司同知仍管萊州府海防事務鮑孟英關稱看
得遼左計兵議餉云云等因備關到府各呈到道為
照海運之苦云云等因又據分守海右道右參政陳
亮采呈據登萊二府查議相同該本道看得本色之
運云云等因各呈詳到臣該臣會同巡按山東監察
御史陳　看得東省海運之艱臣等纍纍千百言
具陳前疏然而非臣等之言也即餉臣前歲撫齊疏

中所備述者也令當事者不信臣言併不信餉臣前
日撫齊之言而信餉臣令日督運之言臣等具題
下部之疏該部不自主而仍聽餉臣之主議是臣等
可以不題而
明旨可不必
下部且臣疏發于正月初五日而登萊鄉紳之揭于
二月二十二日至長安至則部疏已
覆乃曰山東派定本色六十萬而從鄉紳之請欲減
一半夫山東海運六十萬從古以來所未有之事也
即三尺童子皆知其不能豈籍鄉紳為提調哉臣非
豪傑豪傑未有臨事而不懼者懼豈獨在黎民且召
商之說何居乎登萊道未嘗不極力招商終歲竟無

商至天下軍民皆有籍惟商無籍本方之土著有定在惟四至之商販無定在商亦人也雖愛財亦愛命視遠如刀山劍林視浮海渡遠如揚湯撏毛彼遠中新募之兵挑選于鄉籍名于册且驚惶潰散不知所適矧以倘來偶至之商安能勢驅術使法繩利誘使之方舟結艕運粟以輸塞下哉是召商之令斷不能行而臣不敢終持不可行之説誤軍興之重事奉旨之後臣即親至青登萊集道府各官面議曰今日之餉遠不得不可聚兵兵不聚不可存遠遠危而危及于宗社此何等大事可容推諉部議委曲以完其數所謂委曲者或于窒處以闢支岐或于絕處以求轉徑

今不得不舍商以責成于民運矣於是又召民而諭
之曰爾有粟勢必發糴今商途絶矣加值以糴於民
間已奉
旨矣加值糴買加值轉運或不病民而民不願也臣
再四籌之自遠役繁而事事皆非民願事事皆強民
之必從又不得不以加價糴運責成于官矣於是登
萊濟青四府分定起運數目登萊任其多濟青任其
少以登萊近海而青濟遠也此皆道府酌量分派非
臣一人之私議也然臣雖強督諸臣分任其事而蹙
額以憂運數之多真有萬難措處者登萊之間有米
要換銀錢此以穰歲言也去歲止萊屬稍收而各郡
多成赤壤乞得

皇恩改折漕糧倉米二十一萬而今且海運六十萬
是求改而反增避河而就海人情乎所憂在米矣部
議淮安造船五百隻每隻不過載米五百石大者數
百石此為裝載三十萬之計耳且擬分撥天津而非
盡發登萊亦奚當于山東之全運耶臣檄各屬分行
雇募而船戶逃匿或僅以年久不堪之船索高價以
應急需然則六十萬之儲安能飛渡所憂在船矣每
船用水手大約二十餘人四郡起運大小不啻千船
須用二萬餘人東人向不習海登萊水兵無處召募
且往浙以厚餉招呼安所得長年之能涉海者乎所
憂在水手之難招矣餉船出海每船用桅木二根每
根五六丈山東原未產木大木必買于瓜儀蓬舵鐵

錨篷纜等具必買于南直水不能通則繼之以陸舟不能運則續之以車凡百難致之物不脛而走皆藉人力轉移所憂在船具之難辦矣羊頭窪一帶路徑不一或出而由大洋或入而經沙淺自宗島至北套猶為淺澁時或鯨鯢為厄魚龍作難頃刻而蒼漭為昏須臾而風雲立變昨不知有今日之存旦不卜夕時之命所憂在地險矣清明前有出洋之忌四五月有飌颶之颱一至交秋風逆水落如去歲天津之船停泊於利津起剝於樂安寸步不能前進所憂在天時矣登州至蓋套萊州至三犋牛地各三千餘里涉歷礁磽閩闞天塹坎險難言今萊州至蓋甚遠青濟由登及蓋更遠二千里路無窮而時有限或不能為

兩運青濟之二船僅當登萊之一船青濟之一萬難
于登萊之二萬其轉運之艱如此蓋套窄小不能齊
進此船候彼船之交收後幇候前幇之出港倘多船
併至無可停泊即使陸續開洋風候不齊勢難循次
暴雨疾風之時至驚濤汩浪之無休海無繫纜拋錨
之處時有蛟蜃颱颶之驚且起糧交納獘役需勒時
日稽遲以急急行路之期為徐徐坐守之日其交割
之艱如此瀕海州縣多由河入海或距河三四百里
一線之水時通時塞原非灌輸之地向無疏瀹之功
逢灘則淺閣遇涸則搬移班白負戴牛馬輓芻重踝
繭足黧黑憔悴孰為憐憫其出海之艱如此米豆下
船既防船隻之滲漏又慮榜人之偷盜且官造之船

板枋未必厚釘灰未必堅程工急則造作必屬倉皇船數多則彌縫必多粉飾數百石之糧係于船二十人之命寄于船一有損壞則黃泉不能以寸人鬼自此分途其防範之艱又如此夫海運若是其艱若是其可憂而其究有不可知者四東省洊荒一遇雨暘愆期便艱粒食藉使地無餘產安能民有餘糧此歲時之不可知者也泛汪洋之柁則風后司順逆之權輸溟渤之糧則天吴擅盈縮之柄必滄海所不收而後可供我軍之嚼囓此天意之不可知者也近因加編至再文登寧海等處之民視此磽确荒臯直同敝屣棄田不耕撇家不顧臣等極多方之撫恤挽既散之民心藉令民竄田荒賦逋額詘將何起運此人心

之不可知者也建酋得江夷爲用履海如夷走死如
鶩萬一駕鳥龍之棹泛横海之舟阻截不必多人震
撼皆得奪氣海波一揚運途自絶此寇患之不可知
者也倘歳歳之倖可徼則滄海無盡藏之粟猶可養
面黄無人色之兵苟漠漠之途難測則底事付于東
流而浩歎同于西柄海運豈可恃而浮海濟遠豈爲
戰守經久之長策哉
皇上爲目前十數萬遠兵計不得不急餉爲急餉計
不得不先恤東人蓋東人之苦海内所未嘗之苦也
而東省之窮又海内所未有之窮也憫其艱危則當
保其性命軫其繁勞則當節其財力奪盤中之飧而
又加額外之賦民則何堪查東省荒田最多有五六

畝折一畝徵糧者今以畝計則六畝當加四分二釐此盜登之民所以亟亟而思竄也臣以為登萊二府既多任海運須免其續加之三釐五毫青濟分任海運則當免其三次加編之二釐以加值聊代其初編而以減免少寛其物力甘甜與辛辣相參民將樂于趨命此減編之當議者也東省錢糧原係隔年起徵今歲所徵者四十七年之加編二十一萬六千一百兩有奇乃本年新編應扣運過透支及援遼兵養贍家口銀共五萬七千五百一十四兩零所存不過十五萬八千六百餘兩耳即合通省舊遼餉與新編併算不過二十九萬一千九百九十餘兩耳計米一石抵遼糴價脚價約費銀兩是六十萬石之運須有六

十萬金而今歲額增未及糴運之半則京邊錢糧勢不得不扣留以充糴運此扣解之當議者也東省春熟為麥秋熟為豆粟南人食米北人食麥因土俗之所宜為甘食之常性今獨徵秋收之米豆不用春收之二麥秋成有限運額難充何不兼二麥收之以從民便此兼運之當議者也山左一遇饑饉米價如金當以豐歲之有餘備饑歲之不足臣以為一遇年豐即當預糴以為明年轉運之地然後海運不因荒而廢遠兵不遇荒而餒預糴必須多銀多銀必須先發此預備之當議者也金復海蓋多膏壤欲久守遼陽必先屯四衛今彼中地土多荒防守未備人以為險而難犯而臣密令海道差官偵之絕無險阻倘夷兵

聞道深入則棄膏腴之地而委積貯之區遼陽之聲勢中閡立苦無糧而登萊之禍害切身自當罷運則今日之以重師圍守大將營屯春秋急耕農隙講武似為經久之圖可戰可守此屯種之當議者也夫建非常之業者必有預計之深心成不世之功者須有廣大之局面以天下之大何有于登萊四郡必屢責其加編惠以使人而後人為我用若當事者執拘攣而責成效臣無計以使窮民之不逃又何計以使海運之立就誤運兼以誤遼臣滋懼矣至于留京邊以濟餉則餉臣言之急屯田以減餉諸臣悉言之兼用麥以廣儲多發銀以預糴又事理之固然而無俟于周諮博詢者其海運船隻已奉

明旨着該部嚴催報完船不至則糧不可運船不多
則糧不可多運船隻報完不早則糧不能早運此則
非臣之責矣伏乞
勑下該部從長覆酌務求濟運庶將來不至誤遠而
戰守有攸賴矣緣係海運增繁財力大匱謹陳萬難
之狀勉攄一得之愚仰冀
聖明軫念事理未敢擅便為此具本專差承差張丕
顯齎捧謹題請
旨
本年六月二十三日該
戶部一本題為前事山東司案呈奉本部送准山東
巡撫王　巡按陳　揭稱先該職等

題為云云等因除具題外具揭到部送司案呈到部
看得奴酋狂逞以來我師敗衄之後征兵遠達于四
方索餉遍及于閭里所在驛騷月無寧日真有民窮
財盡之嗟深慮竭澤焚林之釁臣實惴惴在懷故凡
一切條議每加博採必期輿論僉同人情樂赴者方
敢施行今東省以凋瘵之餘復罹疊征之厄較之他
省其苦倍加固不待言矣但登萊為航海門戶自古
經營東事必先此地亦勢使然也況今援兵雲集遼
左玉粒桂芻行伍有枵腹之悲士馬無飽騰之歡經
臣
奏揭迭至如救焚噬臍無及斯時猶議多掣肘謀屬
道傍陸運既費侈而難繼海運又叵測而旋遲倘變

亂猝發于一時禍不獨中于遠而止今撫臣長慮却
顧為東人
請命尤為遠事圖安疏稱可憂者五所艱難所不可
知者各四内如先督餉部院議派東省本色六十萬
石半輸百姓半召商人盖恐全出于民不免追呼之
擾而攘攘之世坐使農商子母權宜易于措辦耳不
意淮商憚于涉險裹足不前更議責成于官而昂其
價直糴運于民運三十萬石濟青登萊四府均出其
招買三十萬石登萊分任二十五萬石濟青分任五
萬石以數額數米價不致騰踴小民獲沾微利楚弓
楚得誠調劑之善算也雖云為數甚多憂于不足然
上年往往南販淮揚今宜先儘東省以足派額則聚

集必廣自可充裕無憂矣至於裝運之船隻或分頭雇募撐駕之水手或賞招徠具須精堅適用起運則次第發行交納則嚴禁勒需舟人之偷竊何以防之輸運之憔悴何以慰之是在各省有司克供厥職誠心任事更賴院道諸臣鴻猷碩畫加意振刷之耳如道路迂迴礁磽間阻必募熟諳之人豐其犒賞以為嚮導若夫天吳觸忌颶飈鼓濤閲之長年相時開發即不能保海不揚波亦權其利多害少而已

朝廷大張撻伐欲僇鯨鯢築京觀咸願精衛銜泥神人驅石竟如滃瀁者何其合用船隻餉部自當催促完備急行發運其原

疏雖有可憂者五艱難及不可知者各四然五議既

行則諸事可幾而理矣所有應議五欵相應臚列覆
請伏候
聖明裁
允容臣部咨行該撫按及經餉二臣照欵施行庶東
民少甦征役之苦而危邊可免匱乏之憂矣
計開
一曰減編之當議
前件臣等看得遼餉歲費數百萬那借已窮
勸輸不應所恃者加派抽扣而已今征調
輓輸在在告艱水旱災荒年年叵測此而
役煩告減彼以歲歉求寬則加派之數又
成烏有誤餉必致誤遼誤遼兼以誤

國此宇内何等光景而臣可輕啟其端哉況原議加
派一年者免帶徵一年加派二年者免帶
徵二年又緩徵四十五年以前拖欠其最
後加派二釐登萊為有海運減去一半
朝廷可謂寛恤之至矣若概求減編恐一處減而各
處援例額餉虧多遠兵何食呼庚嘆癸誰
執其咎此其端不可開而臣不敢任者惟
賢有司真心愛民火耗添封盡革常例小
民亦必樂輸以急公矣然在道府教導有
方綜核有法如有司果能多方通融一塵
不染百姓不苦者據實特薦其人但有損
此加耗因而潤橐者謹行參處庶民不病

于加賦而吏治益清矣又如御史房壯麗
疏陳嚴禁秤頭火耗已覆奉
嚴旨臣部另行嚴催而寰海之內歲月已久未見特
參一人則信乎厲民者在無藝之橫徵不
在毫釐之派取也所宜再行催取以儆有
位伏候
聖裁
一曰扣解之當議
前件臣等看得東省坐派海運六十萬石查
每石糴價脚價約費一兩須用六十萬金
而合通省所存新舊遠餉止有二十九萬
一千九百九十餘兩視數尚虧一半據議

欲將京邊起解錢糧扣留以充糴運之本
似屬便宜長策惟是東事以來餉分新舊
恐頭緒混雜出入不明如前此登萊二府
海運共動舊餉司民運數萬兩即將年分
互異就費許多查算此近事之明證也今
果扣留京邊必須那新補舊自此奸猾易
于影冒簿書祇覺煩鞅且用者取見在之
逸必妨九邊年例之需此臣等所以始終
持分餉之議也然而運事終不可廢則糴
資終不可無查得該省有實在倉穀七十
六萬石除一半留地方備荒尚該一半穀
三十八萬石折米可得十八萬石矣尚欠

十二萬石應用銀十二萬兩即將四十八
年加派銀内照數動支以為糴運之費其
該省京邊錢糧仍舊起解則運事既襄諸
邊有賴矣伏候
聖裁
一曰兼運之當議
前件臣等看得東省地土高阜民多播麥往
往稔歲夏熟不續入秋早可濟用今二麥
已熟市糴又賤議將二麥與米豆兼收使
有無貴賤通融誠便民之善計也合無將
所派本色六十萬石之内兼收二麥三分
之一運發遼鎮給散軍士仍視兵之南北

酌與之多寡必投其所欲然五穀亦何種
不可食哉是在隨時斟酌以果軍腹再酌
價值俾之適均耳伏候
聖裁
一曰預備之當議
前件臣等看得海運漸已就緒遠事結局無
期一歲之輸僅供一歲之食則預為運轉
之計豈容遲緩況山左旱澇靡常苟遇凶
歲升合皆珍十八萬嗷嗷之衆豈能枵腹
荷戈而戰是必於豐收之歲廣為糴貯以
待來年庶糧餉不致中絕而海運可以長
行然而預糴必須糴資無銀總屬空談查

該省有四十八年加派之銀分毫未經起解若盡留為預羅之用儘可充用合聽彼中動支前項加派銀兩及時收羅隨便堆囤安置如法封記惟嚴無令耗蠹致多虧折蓄艾之謀計無出于此者伏候

聖裁

一曰屯種之當議

前件臣等看得天地有自然之利百姓無不竭之財遠事茫無底止財力安得不匱則亟舉屯種以贍軍儲不宜後矣據稱金復海蓋之間多膏腴沃壤近為草萊荒土是棄自然之利而倚有盡之財非計也又稱

海道差官偵探絶無險阻夷可深入倘膏腴之地為賊所據則委積之儲為賊所有藉寇賫銀我中大患若遼陽中闕無糧則登萊禍害轉切此可寒心也况今兵馬初集以戰則不足以守則不支或于軍伍之中挑其脆弱者萬人仍選慣習農事者將之屯于復蓋古者一夫百畝八口無饑若以萬人耕耨倘雨暘時若畚鍤力勤穫之可供八萬人矣既省輓輸之苦又免脫巾之呼臣于七事條議中娓娓言之竟不聞有切實舉行者其遼左各鎮俱可做而行之足食之道端在于此合無移咨督撫責

成各道躬親踏勘計人授土計土收糧計
所得粟米若干或抵歲運之常數或備一
時之不敷誠經久之善圖也伏候
聖裁
本月二十四日奉
聖旨依議行
七十二
欽差閱視邊務吏科右給事中姚　一本為東閱
已竣敬陳遼左事宜以祈
聖裁事蓋自奴酋匪茹恣狼心而逞暴振鴞音以挻
災索賦征兵海內雲擾
皇上不以職為菲薄遣閱東方奔走蹄輪凡六閱月

念職侏儒凡短不能左屬平胡之韃右握滅逆之矢
以共襄九伐早奏敉寧循省寸衷恒含片媿竊于東
事揣度情形賊利速而我利遲賊樹交而我散逆則
且耕且守西連東拒得天時地利人和之合以圖撻
伐之功此其大要也諸凡戰守機宜經臣熊　以
經緯之畧大力肩承督臣文　撫臣周　按臣
陳　以忠藎之猷同心翼贊謀斷咸備營綜必周
職思毗佐大猷亦或謬陳管見第臨事商畧者已往
使為陳言先事圖維者將來尚難逆覩不敢輙形奏
牘塵瀆
聖明惟是
皇華奉使靡及興懷愚鄙自慚咨詢敢怠或得之道

將之建議或採之士庶之敷陳或為目前難緩之圖
或為異時善後之策敢具款目臚列
上聞如職言可採足收壓露之益伏乞
皇上裁察
勅下施行
計開
一議屯田照得屯種之法每屯軍授田五十畝
歲輸二十四石仍給本軍以十二石為一歲
之養而收其半以預儲故軍與
國兩利焉自屯制廢乃改而為佃種每畝歲收籽粒
三分無論多寡之數相懸且本折之用甚異
非積粟實邊之意欲議屯田非復屯制不可

也屯制復而本色充然足濟今日遼事之艱難也以河東論金復海蓋四衛生齒頗繁虜騎不擾犂鋤之用似遍原隰其有荒棄者責成守土之官設法開墾亦足以濟開鐵二處戎馬躪入鬼燐相照有糧且盜資也況問可耕之地乎自遼陽而東至瀋陽及寬靉等處地方多可耕而賊儆時聞人情恇怯得屯軍萬餘與王民並耕或能彼此相伏以事隴畝見在之軍以荷戈而憂不足也能分以荷犂也無已則如左監軍道臣高出議借兵之力護民之耕人耕于此地者免其役牛耕於此地者免其運令此一塊土足糊其人之口而

其餘貿易于市者便可佐官運之不給充折色之召買是不必有屯田之名而實有其利此所爲亟講者也自廣寧而東至三岔河北爲虜穴南爲胡地亘極于海墾而爲田下可以千萬畝計以與虜爲隣且地下多水患自驛堡墩臺而外居民絶少四望無烟惟蘆葦蕭蕭耳或調撥或地召募得屯軍二萬以屯制撥田先開河一帶使旱潦有備以開河之土便築邊墻或五里或十里置一屯堡住屯軍二三百出入相友守望相助則延袤一帶既成樂土且號長城此圍政第一義至廣寧以西錦義寬而寧前窄播種之外尚多沃壤

若無軍耳古不有募民田塞下者乎不有徙
民實塞下者乎宜如盜前道臣王化貞議
明詔天下凡罪應戍者俱改謫盜前錦義得以營田
自贖能墾田百畝者三年為期八十畝以下
者四年為期貧無力者傭作十年俱得除罪
給照還籍所墾之地因以給軍兵食兩裕盖
近來謫戍者皆多雄黠名隸簿籍身復他往
衛官借以冒糧徒靡費耳不如責以實事開
之赦條使樂趨寬之路而忘開墾之勞可廣
收其用此策最便者也至議屯軍立屯具辦
屯糧當先一歲計之以待次年之用且募之
關中又率惴惴焉以東調為慮匠役既難成

造不易宜如推官來斯行議將海上往時私
販及沿海豪家大俠力能呼召者重懸募格
以招之或天津或樂亭或芝蔴灣有造船若
干堅完可用明開鄉里保結于官運中同幇
領運可運一千石者議
題准守備職銜一萬石者議
題准叅遊職銜事完即與遷轉其願改文職者准例
監數目除授不必論年挨選當有欣然樂從
者伏候
聖裁
一議寬豰竊料奴賊動出萬全自撫順至遼陽
幾二百里趨利頗艱退走不易非西虜勾連

扇連相應于河口以分我之勢而乘我未敢
直走遼陽城下我惟休息訓練消弭内患預
設方畧以待之守似可堅所慮者彼于寛靉
等處大肆剽掠窺覦南衛遼陽方嚴兵自守
不能以長鞭及馬腹則南四衛之蕩摇可虞
而遼陽益孤矣頃海蓋道臣康應乾去年督
寛奠路兵與職言重山之險真如天塹我難
於往彼豈易來聞山東礦兵二三萬計此輩
嶮峻飛騰奴酋稱為山耗所素耗烏如用善
于招屯糧收于秋成之日屯軍當先麇一歲
之糧作何設處都應早計伏候
聖裁

一議運事職聞軍聚糧懸脫巾立見遼陽軍餉
其折色者計部方那借設處所云目中而問
舊矣本色之餉軍中最急所資海陸二運督
餉侍郎李　精心講求竭力營綜派糧開運
大費擘畫撫臣周　議將順永登萊四府
加派一釐併行蠲免如蒙
俞允則順永之拮据接運登萊之加額派運必所不
辭海運之在山東者登萊道臣陶朗先不避
勞怨盡心籌
國陸運之在關東與海蓋者永平道臣袁應泰海蓋
寍前守巡諸道臣黽勉共濟不遺餘力然畢
竟百車之力不如一舟職前至海上見寍前

道臣王化貞所造運船合混木為舟製極完好此遇礁石如鹽車過軟草耳北車南船當一破此論耳今海運可由直沽中道樂亭北道并芝蔴灣運事等項永平府推官來斯行條議甚詳諸臣正在商畧第窰前之木賤而匠役甚少在此中者既多東調遼陽欲集如賈松其人者號召招徠使或千或百自相團結不用安家行糧之費第給之衣甲月糧就其中能團結百人者即為百夫長能團結千人者為千夫長隸名軍籍將領不許侵擾第以名法相束亦不宜征調不宜與官兵同部以啟爭端第令無事則合伍耕農有警則據

險殺賊使家自為守人自為戰而嚴禁其出
墻偷竊以釀禍礦兵團結一成即四衛之藩
屏也伏候
聖裁
一議修守照河東西與虜共城而處所藉城堡
為保障墩臺為耳目
祖宗時廓清驅逐之餘兵威遠振猶環衛森密漸至
今日兵愈弱而防愈疎何無户牖綢繆之計
也惟經臣能　往者巡防時自三岔河而
東築沿邊土墻窺虜無敢闌入者又先道臣
李松西接關門東至鎮夷河築沿墻四十里
基厚而堅制周而備職頃之河口視之為排

佃歎息惜後人之不踵致前勞之半擲盖相
距己四十餘年使歲相續焉耳自山海至三
岔河七百里無虜患矣今險隘城堡之在河
東者除遼瀋寬靉鎮江四衛懿路汎蒲之外
其餘或荒為鬼隣或鞠為茂草應候東平之
日徐議修復之工自三岔河以至廣寧所過
城堡大率舊腐不堪所幸原設墩堡尚荒棄
者少如用職屯田之議開河一帶職取土隨
築邊墻足資防衛自廣寧至山海關義州野
曠而平錦州便依山為險尤幸去邊差遠至
杏山塔山以至前屯則逼虜矣杏山之大福
大興二堡林木蔽天棘蘆滿地虜之出沒甚

易原議墩臺二十一座每臺軍三五名不等
瞭守頗密後以軍漸少虜患日殷墩臺亦日
廢止存紅螺鎮夷鎮蓋三臺耳此緊要邊防
亟宜修復道臣王化貞以大邊濠河歲久填
沒虜騎易于馳驅急圖開濬而地方軍伍日
送牛送運無可供運為之束手至段木衝仰
視峻嶺四圍溝路為受敵衝口與大興堡輔
車相伏勢孤地險兵衛不足召募居民無肯
往者地方建議請移置此堡于仙人洞山增
兵數百我之瞭賊甚便賊之乘我更難然此
等工程豈空言能辦查昔年班軍赴蓋前駐
防不知何年議止宜照薊鎮修工例撥班軍

二千更番調守且修且防自盜前而東漸及
于廣盜量其險要緩急漸次修如鐵場臺與
水段木衝四堡極為險要各增兵五百其備
禦等官有能悉力防守一歲中有無失事者
即與題
請優叙加銜職見邊戍惟墩臺瞭守與聽靜撥夜之
軍最危最苦而關係最重問其月糧猶夫人
耳宜酌其極衝次衝加增其糧餉如瞭望有
功偵探得失者願賞願官准與優議其所轄
將領不論風寒雨雪曉夜稽查賞重而法嚴
人知用命又大小將領占臺軍一名者視占
營軍之罪十倍則險隘足以禦賊有軍足以

守隘庶幾一帶金湯矣伏候
聖裁
一議養馬遠陽之馬計料月給九錢而馬多瘦死以草料之價騰湧倍常或各軍之不肖者第求飽腹不復問馬耳誠本色芻豆接濟以時給散以時更每營馬三百匹委千把總一員帶火軍二十人驗料剉草攢槽喂養專為責成視馬肥瘠定其功罪則可無人腹自飽馬骨漸高之弊職往過沙嶺高平閒固有摠馬料不足者北至盜前而或求增馬乾或求長給馬乾告者紛紛矣緣往時此中養馬者皆有户丁幇貼故每日止一錢八分今户口

寥蕭誰為幫貼重以援兵之馬與出關之牛
給繹相望料草騰貴所給不足營五日之餉
而往來迎送骨立蹄穿責以買補既罄其賣
兒貼婦之錢旋即倒死又迫以私逃遠竄之
路擲公帑殘物命耗軍伍皆由於此應如道
臣議每馬月食料銀五錢除將十九年經制
通融外所少不多量為議補其後有倒死者
照各邊例朋幫扣買三年之後所省馬價足
以辦此不必仰給京運矣至種馬一節雖有
永寧一監然廣寧錦義之間地當濱海水草
肥澤牧養甚便如得馬價六千兩于山東等
處市北馬千匹設監司牧兩年之内雲錦成

羣以孳生者為驛站應付而軍馬之在驛應
差者盡撤歸營則驛馬不缺營馬亦充勝於
每年買馬而不得馬之用此兩利之術也伏
候
聖裁
一議襲替軍衛應襲者本處起文赴部驗黄襲
替此舊例也自遠左兵興恐應襲者借赴部
之名為入關之計棄桑梓而不顧雖冠裳而
何補遂議一概停止慮誠深矣職所過之地
各應襲者擁馬相揔有願戮力邊疆借一職
以自効者有願輸粟助餉希沾一命者有陣
亡將吏之子弟

國難家讐憤氣雲湧思授職從戎一當以報者職思
將材首重世職多難正藉勖勵因有事而錮
之人無効用之階祇懷菀結之感宜
勅下遼東撫按凡係應襲者嚴查外黄互相保結如
無假冒情弊免其赴部即與具
題兵部查對内黄内外符合題准承襲承行書辨不
許妄為吹索無端查駁以快要求應襲指揮
者助米二十石輸納遼陽以下遞減少佐軍
餉其係東事以來祖父陣亡者徑准襲替免
其輸助以示優恤中有才智膽畧可堪驅策
者經撫二臣即與隨材拔用則羣心奔悅而
敵愾之氣張矣伏候

聖裁

一議激勸夫人孰不愛其身而願為

君捐孰不愛其家而願為

國用此常人之所難宜優異之以風勵海內者也昨者四路徂征戎車再覆將吏如劉綎以下身當矢石奮臂擊賊肝腦塗地人無旋踵此

祖宗二百年來養士之報而忠勇昭然矣北關之破金白二酋不甘迎馬請降力戰以斃分天之恨似同此心其陣亡將士上自總鎮下隸偏裨千把再推而生員吏農挺身從征歿于

王事者聽撫按二臣一一查明禮部從優議恤職宜將將吏諸人立廟廣諡春秋致饗使將吏過

之者且感且泣憤逆胡而思剪將金白二酋
立廟鎮靜堡春秋致饗使外夷聞之者慕
中國之有
恩褒忠勸順在此舉也至捐貲助餉在他省直者固
當表章在遠左者尤宜優議查得指揮僉事
今陞金州守備嚴正中輸粟五千石蓋州衛
指揮李鑛輸粟一千石銀一百兩海蓋道中
軍王化溥輸馬五十匹復州衛指揮花獻宸
助兵一百二十名輸豆一百石牛車六輛金
州衛指揮福將輸銀二百兩穀豆二百一石
七斗撫院標下中軍麻承宗輸九輞車一輛
七輞車一輛牛八隻可謂慕義甚殷者矣其

他或千里致食又或助牛助馬助車多寡不
等名姓在籍夫人當其纖嗇自衛一錢半菽
視同百鎰萬鍾矧以千百計乎使人盡如此
則累百而千累萬而億所以佐縣官之急者
鉅矣在不肖者方乘疆事之急以要利此獨
出庾廩之積以急公有臣如此勸典宜亟在
撫按二臣當列名具奏乞
勅定賞格其志在吞胡者隨酌多寡高下陞除壯志
其最少者亦給區旌異以示勸鄉里使身隕
名飛者留英名于萬古財輕義重者被
殊寵以千秋將風聽所鼓使人不愛其力而家不私
其財東事不足平也其道府諸臣捐俸助餉

者並候撫按查明另叙伏乞
聖裁

七十三

巡撫山東都御史王　巡按山東監察御史陳　各
一本為遵例薦舉海運文職官員以昭激勸事案照
萬歷四十七年七月内准户部咨為急請多餉以濟
危遼事該前撫臣
題議登萊二府動新舊遼鎮銀兩糴買米豆轉運遼
東以濟運需緣由本部覆奉
欽依備咨内稱如兩府額銀不足仍動別府加派務
期乘時廣收廣運運過米數用過銀數一應効勞官
員候年終類造清册報部以憑查考分别

題咨紀錄獎勸施行本年十月内又准户部咨稱嚴
行濟南青州二府各將所屬州縣一體酌派起運毋
得自分彼此坐視封疆之危共誤軍興大事如州縣
奉行有效者年終分别從優薦獎如怠玩誤事者不
時指名會叅等因四十八年正月内又准吏部咨該
職等題留登州道副使陶朗先久任加
勑及青濟近海縣分應屬該道統攝緣由本部議將
本官俟三年報改加陞二級其青州濟南所屬邊海
縣分安東一衛凡於運事相關官員聽該道年終甄
别勤惰報撫按會同督餉衙門舉劾以示勸懲等因
題奉
欽依備咨前來俱經通行遵照去後今照萬歷四十

七年已終隨牌行司道將運過米豆及經管官員職名冊報前來除濟青二府見今分運俟四十八年終另行數報外查得登州府四十六年先運過米豆共一萬三千三百七十三石五斗一升四十七年登萊二府共運過米豆二十萬六千四百六十石零所據効勞官員例應薦舉該職會同督餉侍郎李　通查四十七年海運係登萊二府分任除分守海右道右參政陳亮采體

國多方節愛憂時獨抱公忠歷任尚淺不敢槩敘外查得山東布政使司署司印分守濟南道右參政程啟南按察司分巡登萊總理海運海防道副使陶朗先以上二臣閥材直擬川流勁節能排山海舟航挈

國而三軍待命真同廣濟之津梁粒食調饑而獨力
匡時長峙狂瀾之砥柱望崇藩服功在邊疆所當首
叙以備紀錄擢用者也原任萊州府知府今陞湖廣
副使婁九德登州府知府徐應元萊州府加陞運同
專管運務同知鮑孟英先任福山縣知縣今陞本府
海防同知宋大奎原任萊州府推官署府印今行取
留部段國璋原任登州府推官署府縣印今陞南京
户部主事李士高萊州府通判署濰縣印孫時盛原
任寧海州州同署招遠縣印今陞江西瑞州府通判
孟心孔寧海州知州張自修掖縣知縣薛文周萊陽
縣知縣李建和濰縣知縣吴甡先任文登縣知縣今
調樂安知縣門洞開蓬萊縣知縣段展昌邑縣知縣

周學閔以上諸臣義切同舟心期共濟調之耳劑俾萬姓急趨事之公運以通材令千艘集浮空之粟勤劬終歲勞且忘疲利涉大川功徵足食俱應敘薦以備擢用行取者也內婁九德段國璋李士高孟心孔雖經離任而職所薦係四十七年分管理海運官員宋大奎門洞開陛調自本屬例應併敘再照遠左軍興需餉繁急道臣陶朗先殫力擔當經年拮据應需不次之擢以為人臣任事者之勸其府縣各官兢兢奉法無可究參凡屬海運地方如數轉輸勞勚均應並錄但歷任有深淺糧數有多寡職不敢漫無分析一縣盡舉除薦外數容職分別獎勵以示激勸伏乞

勅下戶部覆議上

請如果職等所言不謬將參政等官程啟南等知府
等官婁九德等移咨吏部應紀錄者紀錄應擢用者
擢用應行取者行取庶
功令彰明而于運務有裨矣
本月二十九日奉
聖旨戶部知道
七十四
巡撫山東都御史王　巡按山東監察御史陳　各
一本為遵例薦舉海運武職官員以昭激勸事照得
萬歷四十七年海運遼餉効勞武職官員例應薦舉
該職會同督餉侍郎李　查得遼東收糧千總加銜
守備黃徜恩登州道中軍登海衛指揮僉事李先春

萊州府趲運千總登州衛千戶李天培萊陽縣糴運
千總三科武舉曲思化蓬萊縣糴運把總萊州衛指
揮應龔張天威以上各官勇往以涉波濤先勞不辭
險阻舳艫啣尾滄溟無漂泊之虞舟稊米在倉勃海
收梯航之實效迄濟無邊之苦海轉輸多懼之危邊
俱應叙薦以備陞擢者也再查各弁領運固多勤事
効忠間亦因循玩法有勞者薦舉以需後用無功而
有過者容職等分別戒飭伏乞
勅下戶部覆議上
請如果職等所言不謬將黃尙恩等移咨兵部以備
陞擢庶殿最明而人知所勸懲矣
本月二十九日奉

聖旨户部知道

七十五

兵科給事中薛　一本為援遼正苦兵少援將忽報兵逃事必有因漸不可長懇祈聖明亟議處置之法併議料理之人以肅軍紀以銷地方釁端事職連日接遼東揭報見經畧熊　一疏為遼左將帥同盟文武和附為滅賊一大機會獨惜兵寡糧匱各道缺人不得隨心應手得當圖報以紓顧憂事内稱總兵與總兵盟將官與將官盟皆宰牛歃血誓盟同殺賊子是刀敢主張守瀋為以南顧遼海北窺開鐵東逼賊巢漸進轉戲之計臣一讀之不覺躍然色喜何向來氷泮瓦解之象頓成珠聯璧合

之景一至此也而猶慮無兵調遣無餉食用無道臣以供任使之為兢兢矣又見撫臣周一疏為廣寧急需將官推補無期懇乞即
勅該部速為推補以救河西半壁事內稱西虜陽與約奴分犯遼廣祇緣遼瀋綢繆漸有次第奴酋不敢輕入而陰嗾西虜乘河西兵虛先謀入犯其意不在搶掠而在克城使河西不守糧道斷塞遼瀋坐困而後奴乘之臣一讀之不覺愕然魂飛何奴酋虎蹲鷙伏之態愈奇炒巴陽順陰逆之情日反日覆一至此也惟有速補將官多添兵馬保河西正所以保河東之為皇皇矣總之在經臣亟于用兵以恢如線之疆而餉以養之道臣以彈壓之均為救焚拯溺之圖在

撫臣亟于索兵以禦方張之虜而邊場兵少此顧彼遺恐有捉襟露肘之患不謂延綏援遼遊擊袁大有領兵一千甫至昌平而夜半脫逃者輒有七八百名之多也據總兵王國棟則以延綏援遼兵馬于十六日至昌平關支行糧料草至十七日三更時分各兵約有七八百名脫逃向南去訖報矣據遊擊袁大有則以各兵誤聽過路謠言有調出援兵剃眉刺面發赴做工等語至三更時分忽有七百餘兵各持刀箭兇勇徑向蘆溝橋逃去即星馳赶上招撫不回向南去訖請乞行文嚴拿謠傳之人以正法報矣臣一閱之不覺奮然髮豎何將無才能兵益驕悍一至是哉夫此援兵也固遼東經臣所推心以置腹盼眼欲穿

翼到一兵即得一兵之用者也亦該鎮撫臣所極力
抽募百方鼓舞翼發一兵即收一兵之效者也奈何
哉千里而來一言而散全無破浪衝風之氣頓見烏
驚獸駭之形得無統兵將官訓練無法約束失宜與
抑行糧料草之支給有乾沒與榜拷箠笞之軍令有
偏僻種種情節難以懸度應行查核嚴為議處不則
流亡于智者匹夫至愚而神彼皆邊鄙人也習聞虜
情習見將令無辜受黠從來有此法否有家難奔皇
皇其何之乎況遠難未歇調募無期人將效尤綱紀
安在於此而盡置之法不可於此而任委之去不可
惟乞
速降一諭若曰逆酋不道侮我

三十五

天朝騷食我邊圉虔劉我人民殺戮我文武將士普
天率土義切同讐是以有征調之役凡爾從征遠戍
跋涉關闗背離鄉井時廑軫念一切安家行月犒賞
亦時時與地方官約概從優厚倘
天心厭禍逆賊授首皆爾衆之功當重賞賚尊顯之
奈何輕聽浮言遽爾叛去自罹法網甘為僇民此必
有一二奸弁猾卒造言生事煽惑軍心法在不宥爾
衆其公舉以
聞凡爾軍士速行悔悟勿自疑阻整隊前來矢志滅
賊當盡赦前辜嘉與更始决不食言以此頒布中外
曉示軍民有不鼓舞踴躍懲前毖後者臣不信也不
此之圖而泄泄如故望望皆然竊恐自有遠事以來

人如湯火之赴家苦追呼之驚衝途之民心以驛騷
而思亂災侵之赤子以加派而無生遠調之士卒以
無犒而怏志逃田之兵衆以無歸而逞狂河決魚爛
匪朝伊夕杜釁消萌定計須早頋
勅當事者之亟圖之也再照遼左需兵需餉需道臣
皆急着也兵問司馬而司馬執要其執詳全在職方
令職方郎
請告出城業已兩月無復任事理矣而該司迄今尚
未有專屬也召署篆員外仙克謹才識素優擘畫儘
裕而代庖終非專責任事不無抑遜向來條陳者欲
以儀郎須之彥以京卿兼管職方事既為衆望攸歸
又有故事可按所當

亟允銓印速令商榷具
題或以之彥擬陞調補或以克謹就近推補一則長
駕遠馭一為熟路輕車均於軍政有裨者也餉司
農而司農執簡其執煩全在司官乃山東司遼軍急
同燃眉向來建議者欲專設一遼東管餉郎中而以
山東九邊屯鹽等務仍屬舊郎中庶頭緒有分清楚
亦易且舉有才望二臣姓名俱在
御前以其本衙門官習本衙門事恢恢游刃有餘地
者此宜該部開名咨送奈何不察及
請下吏部檢推一員仍向日郎中就正夫就正必于
有道又何言之舛也至海陸二運陶朗先之在登萊
袁應泰之在永平大有功焉雖皆賢者賞不以勸然

國家激勵勞人可無優厚應泰已陪推建牙崇膴不遠若朗先以驛傳副使強之督運不惟料理航海兼且召買糧石陶之題目更難於袁乃以憲副加銜大參此出撫按奏

請者而天官曹吝不肯予是亦今日之當

勅令舉行者也將帥不提撥則不奮兵馬不操練則不整糧餉不趲運則不全此等責任專屬道臣而遼左道臣原額無多今何落落如晨星也遼陽道以病去矣開原道以艱行矣贊畫以正月回籍議改監軍道矣祗以銓宰之人致令推補無日閣部

請之不報言官

請之不報該銓屬叩

閣之章舌敝頴秃而亦不報即
聖躬方在調攝而舉無難
檢發豈閣臣之票擬未當
聖裁抑
聖心之眷注别有他屬以為新推冢宰周嘉謨中外
剔歷最久一時詢謀僉同為輔臣者自當竭誠盡力
專疏
特恩祈于得
請後已何等直捷痛快而一失于
召對屢失于票擬今日曰署明日曰署未見轉圜之
機全無納牖之術致令明經日見困斃廷試亦復愆
期一種黯淡景象豈盛世所宜有哉此又

陛下宜自為
社稷計與夫閣臣之自為
國家計不俟臣言之娓娓者也臣猥以草茅謬叨侍
從拮据于孤垣之旁午奔馳于同舟之乏人四顧徬
徨一身狼狽連日目病抱痛心火如焚思註籍之未
能愧入署以何補撫晴窗而感慨睹扃户以興嗟輙
敢觸事盡言罔識忌諱伏惟
聖明
垂察施行奉
聖旨

七十六

濟南府同知唐謙吉為海運事查得續派造船章邱

歴城武定新城萊蕪淄川鄒平肥城德平陵縣平原
太安長清臨邑齊河以上派造船三十隻俱於正月
二月内行文訪式濱州鳩工庀材星夜打造立限報
完刻期裝運屢行嚴催去後延今五月將盡止有長
清以二十七日造完船三隻桅錨俱備齊河船一隻
臨邑船二隻俱各造完桅錨俱備計完船六隻本職
親詣看過委官先行起運過遼交卸其未完船二十
四隻造有六七分者造有八九分者中有全完下水
錨桅未到者有見買於淮安山西澤州等處者又未
知何日可到内淄川縣近日申稱來免造船二隻本
職屢行嚴催各州縣視若虛文延今四箇月餘尚爾
躭延未報全完合無請乞本道嚴行一票各該州縣

知會上緊督造勒限報完庶遠糧不至稽遲而州縣亦不敢違誤矣緣係請催造船事理本職未敢擅專擬合呈請為此今將前項緣由理合具呈伏乞照詳施行

本道詳批初議海運而以車代舟後議海運而派之山中州縣或因時制宜經權互用之妙也有司者治之本道原不預聞今督促艱難而今本道代終其事雖極亮該廳之苦心本道實有所不能耳通計遠糧額限六十萬石今登萊已有四十五萬青州已有九萬三千合之濟屬原派近海州縣之八萬逾額二萬三千矣船隻頭運者既去五萬六千則回空再運可完十萬近日本道又撥淮船二十一隻又可裝六千

餘石此船往而復返便運一萬二千以運八萬之糧
似綽乎有餘者船糧兩難之處姑且寬之亦仁人君
子之用心也該廳以爲何如此繳
萬歷四十八年五月二十八日

海運摘鈔卷七

海運摘鈔卷八

七十七

濟南府同知唐謙吉為請憲示以專責成事先經造船六十四隻俱係船户領銀打造彼船户自知運米之後仍歸己必然擇木而用修驗如法且謹慎揀擇水手蓋其自為計固應如此後來造船三十隻則係官造是造船者一人駕船者一人裝米者又一人恐其各自為心先圖省便後致推諉比至誤事嗟何及矣卑職屢經親詣造船處所查看擇其板之朽薄者擲之而匠役苦於更換仍復取用塗抹之後無復識辨誠宜先事而慮者况木艌二匠乃行船所必須敢請憲示凡造船州縣即原造船木匠原艌船艌匠每

船各一名編作水手給與水手工食責令過遠庶此
輩知身在船上亦有干係必不敢潦草完事或船上
時用木艌二匠亦且隨取隨足專責成以收實效計
無便於此矣緣係海運船隻事理本職未敢擅專擬
合呈請為此今將前項緣由理合具呈伏乞
照詳施行
本道詳批運船造者一人駕者一人利害不相關塗
抹以完事弊竇之必然者也今議令造役與駕役同
行俾知休戚與共戢其弊心法無善於此矣但究其
根源止因造船州縣原非近海州縣强其所不甘人
情自爾解體雖多方督率極力防閑終不如令近海
海運之為便耳今算六十萬之數已足該府止運八

萬亦可完事目下之船又供兩運而有餘後派之三
十隻已完者不必復論未造者姑且已之猶愈於造
而不堪費而無益也該廳再查議報速速
萬歷四十八年六月初一日
七十八
濟南府同知唐謙吉爲海運事卑職查得本府所屬
海運州縣共派米豆十萬利津縣開洋米豆五千五
十石霑化縣開洋米豆二千八百二十六石九斗七
升二合海豐縣開洋米豆四千石濱州開洋米豆一
萬一千二百四十六石一斗二升六合一勺俱已單
報開洋訖尚有運官葛得勝裝完未開洋米豆三千
二百四十石本職催促先行仍剩米豆五百一十三

石八斗七升三合九勺有程道源船一隻未到已行州查完待到日裝完責令即時開洋該州共裝完一萬五千之數蒲臺縣造船九隻又撥給海豐縣船三隻共裝米豆六千九百石又海豐縣船五隻改撥青城縣裝米豆二千五百石蒲臺青城二縣本職差人守催上載火速開洋以上已開洋未開洋裝完米豆三萬六千二百七十六石九斗七升二合尚有續造將完船二十九隻亦約可裝糧一萬四千五百石前後通共裝完糧五萬七百七十六石九斗七升二合尚剩米豆四萬九千二百二十三石二升八合續縈發下船六十八隻已分派武定歷城濟陽青城分投東海迎押又行所轄船戶濱州利津海豐霑化蒲臺

亦分投東海催促至今並未報到又別無船隻起運前剩米豆必須二運裝載見今專候頭運利津濱州等州縣九十三隻船回空裝載合無請乞本道憲牌行遼東蓋套嚴諭收卸官員知會待濟屬利津等處糧船到時即便收卸毋得遲滯留難仍速二運再請或有登萊二府回空船隻撥濟裝載待濟屬船回卸留登萊補運庶遼糧不至稽遲而濟屬十萬之數可畢運矣緣係請催撥發船隻事理本職未敢擅專擬合呈詳為此今將前項緣由理合具呈伏乞

照詳施行

本道詳批該府海運初行人器都未相習故撥發多船所以濟創造之所不足也其船皆見在廟島而撥

之者十日前已據登海防廳禀稱俱進泊丁河三岔等處則深入濟境矣該廳速一查派毋令其中途逸去彼此兩誤也至於盖套收糧照船到次序為先後成規既立毫不可紊欲其來之速須此地去之早然本道先期已專令旗牌官叢希哲到彼催押矣青登萊糧數多溢欲足六十萬之額尚多出四萬有奇濟屬事每苦難或止運初議之八萬亦可也統在府廳計議行之此繳

萬歷四十八年六月初五日

七十九

山東等處提刑按察司整飭登州海防總理海運兼管登萊兵巡屯田道副使陶　為海運事萬歷四十

八年六月初七日准
山東等處承宣布政使司分守濟南道右參政程
手本蒙
欽差巡撫山東等處地方督理營田提督軍務都察
院右副都御史王 批據本道呈詳前事蒙批查海
運雇造船隻銀兩所費不貲而濟屬猶各自辦發來
六十八隻未必盡堪裝運即堪用亦僅可裝一萬七
千餘石耳此海道之揭可攷也又聞十餘船中損壞
六隻此無濟于緩急據議檄催海道撥船濟運而以
濟南所運回空之船留登裝載一轉移而遠近俱為
有濟計無便於此者該道即移行海道酌議催發無
虛時日可也此繳蒙此備移到道煩將登州船隻酌

量濟屬未運糧數速撥前來濟運俟濟船回空之日
徑留登裝運希將所發船隻賜數過道以便轉報施
行准此查得本道未准之先已撥過船户劉一鸞等
六十八隻又撥過朱應春等二十一隻今准前因又
撥船户陳杉等四十五隻先後通共發船一百三十
四隻總計裝糧四萬九千二百五十石裝運濟屬未
運之數寬裕有餘除揭報
軍門并行令濟南府迎押外擬合回復為此合用手
本前去
貴道煩為查照施行
計開令撥
萊州府報到船十八隻共裝糧一萬八百一十

四石
船户陳杉船一隻裝糧五百一十九石
船户張倉船一隻裝糧六百石
船户陸汝成船一隻裝糧八百三十石
船户顧周船一隻裝糧三百石
船户何甫蒸船一隻裝糧三百石
船户張玘船一隻裝糧二百六十石
船户董祥船一隻裝糧五百石
船户楊天和船一隻裝糧五百五十石
船户孫典船一隻裝糧六百石
船户張言船一隻裝糧八百石
船户程順船一隻裝糧七百五十石

船戶孫典船一隻裝糧五百八十石
船戶孫典船一隻裝糧七百石
船戶葛萬勝船一隻裝糧九百石
船戶曹南船一隻裝糧四百五十五石
船戶朱雲船一隻裝糧五百五十石
船戶張玘船一隻裝糧八百石
船戶陸光徜船一隻裝糧八百一十五石
委官周謨報到安東衛船八隻共裝糧三千一
百四十六石
船戶陳文船一隻裝糧一百一十石
船戶姜珠船一隻裝糧一百四十石
船戶沈志船一隻裝糧一百四十石

船户温守德船一隻裝糧一百六石
船户王忭船一隻裝糧六百石
船户王廾船一隻裝糧六百五十石
船户楊美船一隻裝糧七百石
船户王濟船一隻裝糧七百石
贊理遠餉户部主事田 手本開送沙船十九
隻共裝糧一萬一千四百石
船户程時船一隻裝糧六百石
船户程科船一隻裝糧六百石
船户蘇尚義船一隻裝糧六百石
船户姚忠烈船一隻裝糧六百石
船户陳五船一隻裝糧六百石

船户司珠船一隻裝糧六百石

船户徐少樓船一隻裝糧六百石

船户曹奎船一隻裝糧六百石

船户陸禮船一隻裝糧六百石

船户李際明船一隻裝糧六百石

船户孫應時船一隻裝糧六百石

船户蔣木船一隻裝糧六百石

船户徐桂船一隻裝糧六百石

船户陳俊船一隻裝糧六百石

船户王義船一隻裝糧六百石

船户潘祖船一隻裝糧六百石

船户趙東彛船一隻裝糧六百石

船户王棋船一隻裝糧六百石
船户李通船一隻裝糧六百石
以上共船四十五隻共裝糧二萬五千三百六十石又先次撥發船六十八隻計裝糧一萬七千五百六十八石又續撥去船二十一隻裝糧六千三百二十二石二斗前後通共撥去船一百三十四隻總計裝糧四萬九千二百五十石除裝足原報未運糧四萬九千足數外尚多餘空艙可裝二百五十石

一手本　分守濟南道

萬歷四十八年六月初七日

八十

山東等處提刑按察司整飭登州海防總理海運兼管登萊兵巡屯田道副使陶　為亟議收麥以接濟糧餉事萬歷四十八年五月二十六日抄蒙欽差專督遼餉户部右侍郎兼都察院右僉都御史李　案驗准

經畧部院熊　咨稱據監軍道高參政揭稱海運之糧登萊為多近加至六十萬而登州道去歲所派買僅三十萬尚未奉新加之數也計所運惟豆與粟米二項舊穀既没加倍大難聞登萊二麥頗有收民間之值小麥視豆稍貴而與粟米正等大麥與豆亦畧相當而且可飼馬二項糧運之所不收百姓欲賤糶

而無從莫若趁時行二郡發官銀糴買或照時價收
折准納糧銀必可得一二十萬石接濟運至亦計之
最便者二麥新成較之漕米多陳粃猶大勝也等因
據此看得遼餉本色止議粟豆原未議及二麥第登
萊加至六十萬一時糴買為難據稱麥價與豆粟不
遠而又堪飼馬似不必拘於豆粟以苦民況漕米且
多糠粃又不如二麥反得實惠然事在彼中難以遥
度合行查議煩照咨備事理再為查酌二麥軍中既
堪食用百姓又欲賤糶是否可代粟豆倘果稱便即
當速行登萊二府趁時發銀糴買或照價收折可得
若干趲運接濟以繼軍需之急缺作速查議等因到
部准此擬合就行為此案仰本道即便轉行登萊二

府備查以二麥代粟豆似為便益可行逐一酌妥詳
報以便咨覆施行蒙此本年六月初五日准布政司
照會承准
督餉部院李　照會准
經畧部院熊　咨同前事等因煩查二麥軍中既堪
食用百姓又欲賤糶是否可代粟豆倘果稱便作速
備行登萊二府趁時發銀糴買或照價收折可得若
干趲運接濟以繼軍餉之急缺速議停妥牒司轉報
施行准此本年六月初七日又准分守萊州海右道
右叅政陳　手本准本司咨承准
督餉部院李　照會前事等因備會到道准此備行
登萊兩府查議間本年六月初八日抄蒙督撫軍門

王　案驗同前事本年五月二十六日准
督餉部院李　咨准
經畧部院熊　咨稱據監軍道高叅政揭仰道即便
轉行各府所屬海運各州縣將應運遼糧令以二麥
代粟豆是否稱便如屬可行登萊固宜多收青濟亦
宜量買作速趁時發銀收糴或照價收折可得若干
趲運濟遼以繼軍餉之急速議酌妥一面徑行一面
呈詳前來以憑咨覆運州縣趁時發銀收糴或照價
折收一面徑行一面呈詳去後今據登州府呈稱看
得登州府八屬分運遼糧二十二萬五千石運者已
過半矣未運者尚如許也頃奉明文以二麥代粟豆
亦為便計今查登屬二麥雖云稍收然小麥之價特

稍減于粟而大麥與豆亦不相上下此就目前市值
而論將來猶未可定也大率以麥代粟實一時官民
兩便事屬可行者也唯是各屬庫藏一空即照價折
收亦得無幾非借司發多銀預為糴買以省百姓竭
蹶之苦將心知其便而力難從心亦奈之何矣除一
面行令各屬將起運京邊儘數收糴等因據此又據
萊州府呈稱遵奉案驗查得本府所屬民運至七萬
五千加值召買至一十五萬共計米豆二十二萬五
千石以瘠薄之地窮荒之餘民乏蓋藏爷無積貯而
當此大役大費業已力不能支況豆粟與二麥分為
兩熟若專收粟豆則此時舊穀已盡新穀未登而麥
秋一熟又似置之無用秋苗有限賦額何充今雨連

綿秋成正未可卜若徒望歲於一秋責運於粟豆亦非萬全之計且麥食正與北土相宜而大麥之麄者兼堪喂馬趁此二麥薄收妻宜兼徵以廣備餱糧之用合無候呈允日行令所屬州縣出示諭令小民上納二麥照依時價量為寬估加值准抵糧銀以鼓樂輸之義庶疲民得寬一分之力而軍需獲免不繼之虞矣等因各具呈到道據此除濟青二府奉行檄議在後另詳外為照東海運計糧六十萬石為數甚奢昨歲災祲米豆苦於無措然而猶得勉及此數者以歷年之所積為一年之運也今且竭澤而漁無可為計矣四月間竊見麥頗長隨寓書

遼東撫院商用之便而

本部院用麥之檄至矣百姓聞風莫不舉手加額以為今而後吾儕小人始得常輸本色而不苦於賣麥買米輾轉耗費之患也但麥與米價自不同既通融於米麥之間即當權其盈絀之數第今年麥秋將至久雨為災新麥之便較之米價相去不遠蓋因目下尚苦於陰霖而舊麥既絶新麥未廣也然自有收麥之令而民心稍安於輸輓麥既可以納官則米自不得騰價即今一轉移之間所省當自不貲今方下令收麥積儲待運其價之貴賤省之多寡合無於發運上船之日計之自有成數可按也然此自有銀可糴而言也今年海運登萊兩府借處各項錢糧盡充收糴僅完四十五萬迨至糧已具矣而水脚無銀給散

有船不得開洋各府拖欠遠餉毫釐不解本道沿門
持鉢各人掉臂不顧則雖用麥亦何銀可糴糴有麥
矣亦何銀可運非得本部院再賜具
題將不海運之府州縣嚴爲考成傲慢自恣者查叅
一兩人則運事且不可爲妥論麥與米也緣係亟議
收麥以接濟糧餉事理本道未敢擅便擬合呈詳爲
此今將前項緣由理合具呈伏乞
照詳施行
一呈　督餉部院
一呈　督撫軍門
一牒呈　布政司
一手本　萊州道

萬曆四十八年六月初九日
八十一
山東等處提刑按察司整飭登州海防總理海運兼
管登萊兵巡屯田道副使陶　為海運必難遽增船
糧必難立辦等事據萊州府呈萬曆四十八年五月
初二日蒙本道案驗本年四月三十日准分守萊州
海右道右叅政陳　手本蒙
巡按山東監察御史陳　憲牌准
撫院會稿前事案仰本府即查該府加編遼餉銀若
干今運過米豆總該若干每石應加值若干可否足
抵新編遼餉之數已扣加值銀兩即抵加編之數未
足者仍應編派一一查議明悉具由詳道以憑回復

施行蒙此本月初五日又蒙本道案驗准分守萊州
道手本蒙
欽差巡撫山東等處地方督理營田提督軍務都察
院右副都御史王　憲牌同前事等因蒙此又蒙本
道憲牌准布政司照會蒙
撫按兩院憲牌亦同前事蒙此依蒙查看得本府以蕞
爾磽确之區洊罹災祲賦役日繁元氣未復遼餉既
均派民運又獨認召商夫此召商之值仍出之民也
加編至再又至於三夫此加賦之民固即輸運之民
也揆理度情本當以加編之銀即充召買水脚之用
既認召買則不當更認加編矣又當以召買之糧即
准加編之銀既認加編則不當復領召運矣第功令

頒布召買者勢不能不責運於民加編者又不能盡蠲其累就中酌處惟有以加值抵加派庶幾加編之數不縮召運之價不虧不妨運亦不厲民洵調停之苦心兩全之至計也況加值召商之説已有成議而以加之商者惠之民尤為徑便惟是加值之數非二錢上下民不願輸也蓋緣二麥薄收粟黍種遲十室九空皇皇乎為蓋藏之計不加值不能鼓其輸將之念然加值雖至二錢視西府不加之值猶相若也是為無損於上而有益於下不費之惠斷斷乎其當行者也及查本府先次每畝加銀二釐五毫二次加銀二釐五毫三次又加銀七毫前後共加五釐七毫通計加銀四萬九千二百八十兩六錢一分有奇而所

派召買米豆一十五萬石米每石原比民運價止四
錢二分二釐五絲七忽六微六纖豆比民運價止銀
二錢三分二釐六毫五絲一忽一微今擬米豆每石
加值二錢一釐七毫三絲三忽五微合之米每石價
六錢二分三釐七毫九絲一忽一微六纖豆每石價
四錢三分四釐三毫八絲四忽六微共加值銀三萬
二百六十兩二分五釐僅足每畝三釐五毫之數尚
存二釐二毫擬乞
俯軫疲黎免派一釐該免銀八千六百四十五兩七
錢二分一釐八毫一絲七忽九微仍存銀一釐二毫
該銀一萬三百七十四兩八錢六分七釐五毫四絲
四忽五微一纖八塵四渺或盡數

題蠲以示浩蕩之恩或仍派徵而請免民運三萬一千六百九十餘石以抵一萬三百七十四兩有奇加派之數使民免於重併之困或權宜加派事平即止即將此加派者存留作為僱船水脚等價之用以紓帑藏透支那借倒懸之急總之用一緩二

德意取自

憲裁力紬舉贏權衡不妨通變期於民生邊計兩受其利而已等因呈詳前來據此又據登州府呈稱奉行依蒙查看得加值議抵加派原為蘇民之意及查地畝加編每畝初加二釐五毫二次一倍三次七毫共計加派五釐七毫該派銀四萬五千七十三兩八錢五分七釐六毫四絲四忽二纖二沙七塵已加值

于分運二十二萬五千石之内每石加值約銀二錢三毫二絲八忽五纖六沙二塵共加值銀四萬五千七十三兩八錢零是加值足抵加派矣今准萊府關稱又將加派以三釐五毫加值於十五萬石之内免其一釐其一釐二毫仍欲派徵第登府加派若除三釐五毫加值於十五萬石之數再免一釐尚有一釐二毫該銀九千四百八十九兩二錢三分三釐零須仍編派小民是小民未盡受加值之全惠而猶被加值之餘孽也且召買者十五萬石既己加值而先派者七萬五千石又照市價則一府之糧而價值互異亦非所以清稽核也合無請乞本道軫念災黎俯從未議准將本府加派四萬五千七十三兩零通融加

值於二十二萬五千石之内則一蠲永蠲在遠左無虧額而登民有大益矣緣由各呈到道據此該本道看得海運乃宇内最苦之役而以行於登萊無船無糧無民之地則尤苦之苦矣然而民間竭蹶以供有司黽勉以任者謂有加值之法可召之來又有加值即減編之法可甦其困也先蒙
兩院廣詢以諏民間之所便安復多方以計餉金之所贏絀初謂不召商則民不堪不加值則商不至故加貴以買於民間
餉臺之疏與
本院之意不約而同也繼謂召商商至而商價騰則民價隨之而併騰民價騰則商價因之而愈貴遠銀

由此而多費則遠雖見謂得粟而實則陰已失銀故
召商不如召民之説鮑同知發之實即仰體
本院諭札所云欲使外不病遠内不病民之意而推
演之也本道隨以
德意曉喻民間於是逃亡者漸次復業抛荒者漸次
開耕彼若曰吾耕一畝之田輸一斗之粟便可得官
家若干之值而遠餉於此已開不匱之源矣且又不
用商而用民則人皆土著無往來鬪巧之捷而市價
常平無得利則來失利則去之虞而本色常在雖曰
加貴以買之實則先抑其原價民見謂加遠不見為
費萊詳所稱雖加二錢視西府不加之價猶相若者
是也故即從兩府初議將三次新加之數即抵兑於

加貴之中而計糧四十五萬每石加貴銀二錢三毫有零較之
餉臺疏開陸運到關之脚價尚省其半想以之明告
於遠必不以登萊為妄費者如欲如萊府近議以餼
羊之義量為一釐二毫之徵則萊府所得不過一萬
三百餘金登府所得不過九千四百餘金而民間却
羣然以為仍不免徵矣倘使此言一播而逃亡者荒
棄輸納者趑趄則本色乏而時價必增時日誤而風
波不保此其所費何止一萬九千餘金哉故不若以
全免鼓民間之樂趨而還以民買節遠左之浩費又
仍以抵充加貴之數為照價免徵之數使本色常運
糧價常平是乃移商之利以利民兼以利遠非奪遠

之有以與登萊有損於遼餉也似屬可行伏乞具
題以便銷算倘慮
計部持疑
題知有礙則地方徯侯雲霓望般
兩臺專制一方何利不興何惠不溥便宜舉行是亦
帝心之所深鑒也職敢以此為東民請命矣緣係查
議詳奪事理本道未敢擅專擬合呈請為此今將前
項緣由理合具呈伏乞
照詳施行
一呈　撫按兩院
一牒　布政司
一手本　分守萊州道

萬歷四十八年六月初十日

八十二

欽差整飭登州海防總理海運兼管登萊兵巡屯田
道山東等處提刑按察司副使陶　為仰遵
明旨酌議海運等事照得鋪墊一項為物雖微而積
少成多費亦不小前者屢次申飭特刻給小票填註
務要稽查全用半用不用以為料價全給半給免給
之分蓋目擊遼東浩費之煩而欲於中尋一節省之
路也今運去各船回者復裝裝者去而復迴矣各運
官并不見報有用否字樣不知各屬曾否稽查作何
分別支給合行查核為此牌仰本府官吏照牌事理
即查該府所屬海運州縣凡過遼船隻領銀置買鋪

墊到遠交卸之時曾否填註小票有無開載明白曾否按全用半用不用以為次運料價全給半給免給之分其樽節數目曾否登記明白類總清算文到查明先將查核分别過數目報道查考毋得延遲未便須至牌者

一牌仰　濟南府　登州府　青州府　萊州府
并四海運廳

萬歷四十八年六月十三日

八十三

山東等處提刑按察司整飭登州海防總理海運兼管登萊兵巡屯田道副使陶　為專催加派以濟緊急軍需事萬歷四十八年六月十八日蒙

欽差專督遼餉戶部右侍郎兼都察院右僉都御史
李　案驗准
本部咨山東清吏司案呈奉本部送准督餉部院李
咨稱山東派運六十萬石每一石之糧約用有一
兩之費計金六十萬毫不可缺除去加派及題留遼
鎮舊餉支用其不足者欲動京邊此一時權宜之策
似應准從煩為酌妥咨示等因又准
山東撫院王　咨同前事等因各到部通送到司該
本司查得東省海運六十萬石該省謂用銀六十萬
兩今將四十七年加派及舊餉司六府民運銀二項
抵算共止二十九萬一千九百七十餘兩尚少銀三
十萬餘而欲議動京邊然登萊二府海運共動舊餉

司民運數萬兩即將年分互異就費許多查算若將
京邊抖亂不特有誤九邊軍需而該省州縣錢糧東
西拉扯終為不清之局吏書因之侵漁
國賦因之虧缺非便計也海運即恐不足六十萬石
則有全省倉穀七十六萬石除一半備荒碾一半海
運可得米十八萬石止欠米十二萬石應用銀十二
萬兩量議動四十八年加派造册銷算餘當將庫貯
作速那解以濟遼急遼鎮舊餉司民運節稱外解拖
欠甚多該省留為海運不解無怪該鎮嘵嘵也四十
七年六府應該舊餉司民運銀一十三萬三千三百
九十兩五錢二釐零該省既留海運應太倉補還舊
餉司但錢糧今日不清日後益難稽算又該本司查

得五府未解獨兗州府額銀六千三百五十六兩六錢八分俱已解完而該省猶作全欠非也應於一十三萬三千三百九十兩五錢二釐內除解過六千三百五十六兩六錢八分該省實留該鎮民運銀一十二萬七千三十三兩八錢二分二釐應太倉照數補還舊餉司查收庶四十七年該鎮與東省民運清楚也仍咨回東省查算無差咨復到部始行太倉補還舊餉司呈堂奉批東省運糧六十萬石用銀六十萬兩尚少銀三十萬餘總計俱該用新餉銀而欠銀欲動京邊用過亦有舊餉恐新餉混淆不便銷算且應新用舊則額頓虧何以供各邊也據議欠銀動糶倉穀及四十八年加派先借庫貯銀濟急即為補還則

欠銀有所出矣用過京邊舊餉速催四十七年民運已用確若干報部行太倉照數補還舊餉司庶舊餉有歸而新舊俱清楚矣咨回查算明白咨部以便銷算奉此除已咨復
山東撫院照行外其海費六十萬之費既以設處足數相應咨覆
督餉部院專催濟運案呈到部咨覆前來等因准此案仰本道轉行該府嚴督各州縣作速設處接濟運遼充餉施行萬勿濡遲取具各遵依繳報以憑查考
蒙此該本道看得二東歲事十年九祲地土山皮石骨非富庶之鄉也民窮易動賦重難堪從來海內有事山東嘯聚必首發難端非無事之國也況今遼氛

為累烽火相連征調獨煩轉輸獨苦民之受累已不淺而地方之剥削亦既甚矣海運六十萬石之加開闢以來未有之事而六十萬本色之出産亦窮山磬海所不能供之役也然而地方竭蹶以應百姓未駭而走亦曰姑以地方之所出且以完地方之事含辛茹荼以徐俟休息我耳欲運六十萬石須費六十萬金六十萬金除留用遠銀之不足而動及於京邊此自然之理亦不得不然之勢也何言乎不得不然之勢蓋本色糴買者什一徵收者什九當徵收時多一斗則為遠左省一斗之費惟恐其不以本色應愚民惟力是視其投納也舉其應遠鎮應京邊者儘納之本色中矣今若曰京邊不可動是必糴本色以解京

邊也本色糴去而遠糧不缺額否今
部文謂京邊不可動而欲以全省倉穀七十六萬石
碾一半抵之此按圖索駿之言非躬嘗甘苦之論也
倉穀果可充數耶近海者庶省脚費而青登萊三郡
之倉穀俱以初行海運時民間驚怖而不納市集規
避而不賣先已借動倉穀碾運而扣價在倉以候豐
年糴還則所謂穀者非穀矣西三郡如東兖去海二
千餘里濟南去海一千三四百里欲碾而運之水次
十八萬之糧再得二三萬金之脚價夫正項海運之
費尚無所出此項額外之浮費又從何處措辦耶而
其間收放之擾民轉運之貽害歲月之遲誤更種種
未可指數也又云得米十八萬石止欠米十二萬石

應用銀十二萬兩量議動四十八年加派造册銷算夫四十八年之加派至四十九年方始開徵今四十八年所運之糧乃四十七年徵得之物也東民素不涉海使之捐軀命以蹈九死一生之途竭膏血以自供其捐軀命之用海運地方與不海運之地方新加一體不免其情已不平矣今乃因其熟嘗海運之苦而反欲預徵其一年之新加以足海運不敷之數是好義終事者先受其罰曾不若掉臂不顧者反享其逸也民愚而神恐權使而虜使之彼未必肯甘心俯首而坐聽肝腦之塗地也張光前張國柱之事可為殷鑒夫遼氛一煽竭四海以供之不足再有一宋江李全之類出而掣肘其間斯時不知京邊作何徵而

新加作何派矣與言及此可為寒心故為今之計如
海運而果欲六十萬也即當以新舊遠鎮儘留為羅
運之用一如
本部院原疏所題
戶部原覆之格毋食前言再不足自當動京邊以足
之只在職與府縣官開載明白聽
撫按兩院轉行藩司查算清銷此不易之理也如謂京
邊決不可動恐致混淆難查則當儘二十九萬金之
新加止運二十九萬餘石之本色而此外毫無措處
即行免運亦不易之理也如謂倉穀可碾為運則陸
路二千餘里之脚費須另
部帑二三萬金支用而牛騾以解遠而搜括一空車

輛則山徑崎嶇而不能達于海口此外神輸鬼運之
術職實不能伏乞先將職褫斥以為不能海運之戒
而别選才賢以供此役免致内戕東民外誤遼事職
不勝幸甚緣係議請詳奪事理本道未敢擅專擬合
具請為此今將前項緣由理合具呈伏乞
照詳施行

一呈　督餉部院
一呈　督府軍門
一呈　按院
一牒　布政司
一關　分巡青州道
一手本　分守濟南道　分守東兖道

分守萊州道

萬歷四十八年六月二十一日

八十四

欽差整飭登州海防總理海運兼管登萊兵巡屯田道山東等處提刑按察司副使陶　為再陳轉運未盡事宜以祈

聖裁事准

布政司照會內云登萊二府新加一釐原係

兵工二部算足題

准銀兩事屬兩部不便輕減本部躊躇于加派一年者即免帶徵一年以示寬恤第未知該府帶徵一年錢糧的有若干無憑稽考合行查取為此牌仰本府

官吏照牌事理即查該府所屬州縣各帶徵錢糧細
開某州縣若干共該若干火速查開的確數目報道
以憑稽考毋遲須至牌者
一牌仰　登州府　萊州府
萬歴四十八年六月二十三日
八十五
欽差巡撫山東等處地方督理營田提督軍務都察
院右副都御史王　為荒土決難疊編空帑不勝繁
運民情大渙飛輓難支懇乞
聖明
勅部立發見銀買糴併酌議減編軫恤勞苦安集逃
亡事先該臣咨稱山東海運通查四十七年新舊遠

餉除扣用外未足當海運之半議留京邊以濟糴運或另發見銀糴買緣由隨准户部咨稱動支倉穀三十八萬石碾米十八萬石餘欠米十二萬石應用銀十二萬兩擬動四十八年加派銀湊用餘將庫貯作速那解以濟遼急等因回復前來已行布政司查議去後今據該司呈稱查得海運不敷欲以濟青登萊四府備荒積穀碾半以充之又欲於四十八年加派新餉内酌動以足之似於立議若甚直截試一轉念抑亦窒而難行者姑無論其他即如碾穀可得米十八萬石矣顧此米能無翼而飛乎計算運至交割有十八萬石之米須十餘萬兩之脚費更於何處設措恐不能徼之於天雨地湧也則此項尚屬畫餅四十

八年加派之新餉可酌動矣顧此餉豈預徵而待乎此中每年壓徵茲四十八年之徵乃四十七年之新餉令便須七八并徵恐不能得之於熬血煎膏也則此項更是望梅至欲先借貯庫銀那解濟急則又勢所不能者那之郡邑庫藏已罄搜若洗那之司庫亦別無所貯即有之僅僅支吾通省兵餉倘不接濟將庚癸之呼不在遼陽而在几席又孰尸其咎也總之百姓加之又加庫藏括之又括至於無可加括而徒託之遥度之空言本司未敢以為然也合無請乞本院裁酌施行等因呈詳到臣該臣會同巡按山東監察御史陳　看得令之策遠者莫急於兵食矣必有餉而後可養兵必有銀而後可辦餉餉固急而銀更

急焉東省派運米豆六十萬石糴價脚價大約需銀六十萬兩臣疏已詳言之矣年時豐歉無恒豐年當發銀預糴以為凶歲之備臣疏亦明言之矣今本年海運見存新舊遼餉止十分之四耳尚餘三十餘萬兩無從措處該部不發銀而且催司帑那解濟邊豈以東省為金穴耶不惟不發銀預糴而且發碾積穀三十八萬石豈以東省為厫倉耶夫東省自四十三四年游荒逃竄死亡人類相啞骨肉相殘生齒已虛大半所剩者逃荒之白土耳彼時庫藏罄懸所以請及

上方賑貸年來搜括殆盡其無長物可知是那借之說未可問及山東以山東無銀可借也州縣稍有積

穀未嘗不借充海運然須留穀本為將來借動隨出隨補流轉無窮追憶昔年截漕救荒發銀遠糴顆粒待輸於隅境生活寄命於他方積穀如積金留一石之穀即活三四人之命以百十城之生靈詎剩存些少之穀所能拯濟是發穀之說未可行於山東以山東荒多熟少穀未敢發也然而山東之穀不啻備東省之饑亦可以備遼左之饑臣為將來之慮且請銀以預糴矣豈可將見存之穀反碾米以輸邊乎萬一歲穀不登六十萬海運米豆何方糴買何方裝運截漕則漕粟有限遠糴則脚價無窮無論他歲即今春久暵地枯原田無升斗之穫入夏多雨禾傷枝葉受螣蟊之殘損者青萊連報水災田廬多沒蒲臺忽罹

氷雹樹木皆摧年之不豐不獨為齊魯憂併憂遠餉之無從出矣此時即以見銀買糴近者轉糴於二三百里遠者轉糴於五六百里舟車盤剥官府尚作苦難民間尚多閉糴船户梢舵人等尚爾趑趄觀望登萊下船之米艤棹以須脚價無銀之苦日夕煎熬猝無以應乃為望梅止渴之談以求濟事非必得之數矣且三十八萬之穀碾為十八萬之米此米可不脛而走以歸葢奁乎抵遠脚價須得十餘萬兩倉穀非盡貯沿海地方多由窵遠搬運迂迴道路以至海濱内地車脚又須一二萬兩碾穀運米之費幾與糴買相當此銀從何措辦且東土與危遠相接外有不時之警民無終日之儲全藉倉穀以防緩急倘倉廪空

虛猝罹兵革官無足食之方民無效死之志食盡其誰與守故他省之穀止備荒而東省則兼以備兵他省之穀止留濟本地而東省則兼可濟遠碾穀濟運非長策也再查東省錢糧例於隅歲開徵今所徵者四十七年之額編也若將四十八年提起併徵則登萊之八釐為一分五釐濟青東兗之九釐為一分六釐一歲而徵五次之加編民力能堪此乎通查闔省糧額有一畝額徵三釐八絲及二釐九毫者今以原額三釐而加九釐則三倍矣二釐而加九釐則四倍半矣合四十七八年併徵則六倍而九倍之矣此令一行必無遺民即忍心以行苛政徒斃民于挺必無完賦頃據登州府推官孫昌齡揭報沿海之民全里

全甲盡人逃竄臨歧痛哭沉子於池雉經於林即有未逃非退地於責主而不耕即推地於典主而不受民情既涣官法難施恐啞人之慘近即在目前揭竿之禍遠不在日後齊其有盜所乎而三韓併受餒矣且以齊之窮年來義切同仇心屢

國恤丁壯抽矣帑藏括矣稅銀首先起解矣各官如數捐助矣新兵集而歲餉猶虛其四牛隻買而價值尚虧其全軍器盔甲整辦從新而件件皆由措處城池堡堞修飾舉墜而般般勉自支持居平之用度每從撙恤任內之資俸悉用扣存利孔已自無餘經費萬分罔措奈何六十萬石之運偏任其煩勞而一畝九釐之編不損乎毫末今又責拙婦以無米之炊窘

荒土以用三之法夫此餉非齊之餉也即經畧所急之遠餉也遠急銀如疾風暴雨望而驚焉遠急米乃以泥飯塗羹緩而應之無銀不過困索無米則將立斃只恐遠左有銀山東無米十數萬之兵不能望海以呼庚亦不能削金以充腹誰實誤遠而東人亦將有口矣再念海內皆有加編而無海運即有海運而無東省六十萬之多所謂加編者未生於本子生於母未有原額二釐三釐而加至九釐者今欲移於上地而上地已無可加欲存此下地而下地總入全額瘠土多而腴田少山陂海磧磽确汙邪之地皆一概加編地不能責其生金産銀而民乃代其椎肌剥髓於是他州外縣有逃竄之流民林下池中有慘亡之

怨鬼斯民也即吾耕田給粟之民即吾浮海領運之民民逃民死而可占運事之不終矣
廟廊之上必欲東人認六十萬之運必不能認一畝九鼇之編必欲與天下同認一畝九鼇之編則請兩京十三省盡效東方之海運然後東人萬死不辭而臣亦有辭於二東之百姓不則混勞逸于不分置甘苦于無辨
雨露有不到之鄉而病痛有獨偏之處
朝廷尚未棄遠而先棄齊齊敝而遠不能存其爲遠計亦左矣倘僅僅如諸臣之議第免登萊續加之一鼇所免不及萬金無濟於事且濟青同領海運登萊運多而地近濟青運少而地遠四郡繁勞一體犄重

犄輕無以饜濟青之人心亦非臣等連疏籲
天之初意也至於海運應用銀兩伏乞
勅下該部速查本省應解京邊銀兩儘數扣存或另
發別省銀兩充用仍照原題每歲發銀二三十萬凡
遇秋成有穀即先期收買預備將來荒歉運完之日
總册開銷其濟青登萊倉穀聽海運隨便借用仍留
穀本糴補輪流接運以戒非常如預徵四十八年新
編無論民力不堪法行必窒而以應用之十二萬兩
又加以倉穀碾米十八萬石之脚價再扣銀十二三
萬則明歲僅存幾何倉穀又盡無可發碾總之前去
後空益難結尾目下人情洶洶理亂安危難以歲計
故近為謀者止顧目前而臣等有地方之責不敢不

深心圖維仰佐
廟議
聖明倘以臣言為然
俯念東人之苦亟議減編其羅運未敷銀數容臣等
徑自截留應解錢糧支應蓋今日千急萬急無如遠
急為遠原以為
國題明之後臣不為專擅計臣當亦諒臣不得已之
心矣臣等可勝悚息待
命之至
八十六
欽差巡撫山東等處地方督理營田提督軍務都察
院右副都御史王　為專催加派以濟緊急軍需事

據登州海防總理海運兵廵道副使陶朗先呈蒙
欽差專督遼餉戸部右侍郎兼都察院右副都御史
李　案驗准
本部咨云云等因呈詳到院案照先該兩院題為荒
土決難疊編空帑不勝繁運民情大渙飛輓難支懇
乞
聖明
勅部立發見銀買糴併酌議減編軫恤勞苦安集逃
亡事緣由已于本年六月二十五日會
題訖今據前因該本院會同廵按山東監察御史陳
看得一省派運六十萬民間之瓶罍罄矣此時即
以見銀四散召買召買猶難米待船裝船待人駕此

時即以見銀四遠僱募僱募猶難東人蹙額于海輸
迫之出粟又迫之轉運棄田拋荒棄家逃避此時即
以見銀安插安插猶難初本院與道府商議勉派
數彼時只慮無船無米不慮無銀以
貴部新加遠餉原為贍遠東省雖不足而合天下自
有餘不謂
貴部計及於東省之倉穀且計及四十七八年之併
徵也倉穀原以濟荒非以濟遠
國家即貧窘至極決不宜奪窮民饘歲之食以充餉
民命所關非萬不獲已詎容輕動矧東方十歲九饉
今東兖題旱災矣青萊報水淹矣臨朐蒲臺報氷雹
高密報蝗蝻萊蕪報大潦學校青衿且漂流不知所

之矣此等世界恐轉眼便當食人敢發廪耶沿海倉穀多已借動即他處有存遠者二千里近者千里車脚轉運須得二三萬金轉運至遠尚得脚價十餘萬金連前所缺十二萬石再算銀十二萬兩又扣補充州已解之遠餉六千三百五十六兩須吊徵四十八年新餉二十六萬兩方能凑數然每石連脚價約費銀一兩此以平價言之耳今查省城米價每石七錢則更浮于六十萬兩之外非吊徵四十萬不可而來歲新編已盡矣明年銀穀俱空何以應之且加編之撥發于四十六年之十月原行未坐年分本年額征俱畢乃

貴部以四十七年之徵銀竟作四十六年之加額民

閒有口無伸今又欲預徵下年之銀以補今歲之費是一歲而有三歲之叠征三徵而有六次之加派東方能堪此否以東民之勞者弗息饑者弗食生計既盡無論其有困闘窮攖之形而目前之海運無銀自當立罷從長熟計止有二策或轉發别省之銀或截扣京解之數此原係

餉院之具

題非今日之創議不然則以見在之銀運完見在之數海運二十八萬東方之能事畢矣再不然則如該道之速請罷斥免致誤遼誤

國審時度勢實係衷言非為過激既經該道呈詳前來擬合咨會為此

一咨戶部　合咨
貴部煩請查照與兩院原疏一併議覆施行
一咨　督餉部院李　除咨
戶部查照原疏一併議覆外合咨
貴部院煩請查照施行
萬歷四十八年七月初一日
　八十七
山東等處提刑按察司整飭登州海防總理海運兼
管登萊兵巡屯田道副使陶　為亟議收麥以接濟
糧餉事萬歷四十八年七月初一日蒙
欽差專督遼餉戶部右侍郎兼都察院右僉都御史
李　批據本道呈前事云云等因具呈照詳蒙批米

麥菽收彼此兩便依擬收運總靳足額其考成查參
之法屢經
明旨申飭自當如法舉行仍候
撫院詳示行繳蒙此本年六月二十九日蒙
欽差巡撫山東等處地方督理營田提督軍務都察
院右副都御史王　批據本道呈同前事蒙批今歲
海運六十萬盡扣新舊遼餉止充運數之半原無剩
銀即嚴為考成無裨也必得
餉院轉發各省餉銀乃為有濟該道急急請詳稍遲
必誤事矣二麥與粟豆併收如議咨覆繳蒙此除行
登萊二府轉行所屬州縣及時徵收糴買二麥與粟
豆菽收佐助軍與外查看得遼事孔棘上廑

宵旰之憂非直一郡一省之事也惟正之供不獨東省有遠餉而各省直俱有額編正項山東六十萬之運二麥與粟豆兼收小民雖曰稱便而輸納有額難徵于應供之外徵收有數也糴買無銀也轉運無措也是真無米望炊卻步求前撫院灼見夫海運之難不得已而有轉發各省餉銀之說盖山東之銀易折色為本色而各省餉銀亦可取折色而糴本色况今遼兵雲集枵腹望糧

本部院催糧之檄無日不下而近日又禁山東不許擅動京邊抵運則職之所恃以徵收糴買者愈益無銀他日東手無糧當不得責東方之不言也合無俯念東省民窮財盡將各省餉銀速賜轉發東省濟助

糧價脚費諸用庶運務克襄而遠左有賴矣緣係請
發各省餉銀以濟海運事理本道未敢擅專擬合呈
詳為此今將前項緣由同蒙批詳理合具呈伏乞
照詳施行
一呈　督餉部院
萬歷四十八年七月初三日
八十八
山東等處提刑按察司整飭登州海防總理海運兼
管登萊兵巡屯田道副使陶　為海運必難遞增船
糧必難立辦等事萬歷四十八年六月二十七日蒙
欽差巡撫山東等處地方督理營田提督軍務都察
院右副都御史王　憲牌前事本年三月准戶部咨

該本部暨兩院題減海運遼糧緣由本部移咨
督餉部院查覆回稱山東海道最近脚價所省獨多
若以所省之價加值以糴於民間似亦無難若將入
京錢糧准改本色上納於民尤為兩便等因題奉
欽依備咨內稱轉行布政司及海防督糧二道并各
州縣將所派米豆務照原數以供海運其糴價動支
新舊加派或各州縣平糴那凑等因准此合行查議
為此牌仰本道即便會同布政司萊州道查議登萊
二府所運遼糧四十五萬石每米麥豆一石各原擬
價銀若干時價有無浮於原價今糧數比前三倍恐
地方收買為難若從遠方轉糴脚價必增各又該加
值若干總計米麥豆每石價值脚費各共若干比之

永平天津等處所省若干會議明白通詳
兩院咨部及
督餉部院以便銷算施行蒙此通行查議間本日又
准山東等處承宣布政使司分守海右道參政陳
手本蒙
巡按山東都御史王　憲牌同前事等因准此本年
七月初一日又蒙
巡按山東監察御史陳　憲牌亦同前事等因蒙此
本年七月初五日又准布政司照會蒙
巡撫都御史王　憲牌并蒙
巡按御史陳　憲牌俱為前事等因准此隨移會布
政司并萊州道及行登萊二府查議去後續據登州

三十三

府呈稱查得八屬應運遠糧二十二萬五千石數已
三倍除徵收本色外勢必須向各海口及豐收處所
糴買使價值不厚增脚費不寬議恐難完額數也第
昨冬與今春米每石價銀六錢豆每石價銀三錢三
分今時當亢旱糧價漸增已每石比前貴一錢八九
分矣并水陸脚費官役廪糧當用銀二錢二分五釐
三毫零總計每米一石價值銀一兩一二分豆每石
價值銀七錢五六分麥則稍賤於米而實貴於豆以
此較之永平天津所省每石各亦不下三四錢大率
運糧事同而地方各別歲遇豐歉價隨低昂似難比
論即今本府價值亦就目前之議上下增減料亦無
幾惟是五月以前雨頗及時苗猶茂盛六月以來天

稍亢暘禾未秀實萬一不稔其價恐有增而無減矣此尤難以預定者也等因據此又據萊州府呈稱查得本府所屬七州縣今歲共運二十二萬五千較之上歲數已三倍客歲運餉以民間數年之積供一年之運而蓋藏已盡今年之運勢必於遠方收糴以足原數自不得不寬其價值酌其脚價而後於運事萬一有濟耳昨冬今春米每石價五錢九分豆每石價三錢二分矣今自五月霪雨為虐浹旬不止秋禾之根被水浸浥而黃萎不茂低窪之田白波彌望麥苗俱盡據掖平昌濰高五州縣申報水災兼以高密縣蝗蝻生發節蒙院道批府正在委官踏勘以致米豆麥秫市價日騰萬一本處之糧有限仰給於各海口

之糴運則脚價且倍增矣大率米豆麥比之今春每石漸加至二錢左右而水陸脚價官役廩糧每石用銀二錢三分六釐九毫八絲零通計米每石價值銀一兩二分六釐九毫八絲零豆每石價值七錢五分六釐九毫八絲零麥視米價相埒豆與大麥之價相埒較之永平天津每石猶省三四錢之費第旱澇不時秋成之豐歉未定此又難以畫一預報者等因各具呈到道據此為照登萊兩府派運四十五萬石地廣人稀民力難供勢不得不取給于召商而商非厚價不至且其居積搬運亦自費有心力則寬其值而鼓之趨乃理勢之不得不然者也第就目下而論之昨冬與今春兩府米豆價值在登每米一石價銀六

錢豆一石價銀三錢三分在萊每米一石價銀五錢九分豆一石價銀三錢二分已前兩府之價亦無甚懸殊自夏以來雨暘不時旱澇互虐兩府米豆之價每石騰加一錢八九分或二錢二三釐不等以此計算連水陸脚價并運官運役工食及鋪墊蓆草神福等費大約在登每米一石須銀一兩二分五釐三毫零每豆一石須銀七錢五分五釐三毫零在萊每米一石須銀一兩二分六釐九毫八絲零每豆一石須銀七錢五分六釐九毫八絲零小麥與米相類而大麥與豆相類兩府亦不甚相懸也而總較之永平天津每石尚省三四錢此特其大畧耳第近日登州亢旱異常比前更甚萊州水澇見告禾黍漂浮將來之

價且有增而無減民間之出産既薄則召商之門路
宜廣價之所費尤自不貲亦惟謂軍
國重計但求有糧以餉軍不惜小費而成大事則可
耳如欲錙銖計量刻舟求劍京邊既不許動税銀又
不准留給價不時虧本失利則商將望風而退糧又
從何致之職又不得不仰祈
本院亟咨
户部不如停免山東之運為直截徑潔也今據兩府
查議前來擬合呈詳為此今將前項緣由同蒙憲牌
理合具呈伏乞
照詳施行
一呈　撫按兩院

一牒布政司
一手本萊州道
萬歷四十八年七月十二日
八十九
山東等處提刑按察司整飭登州海防總理海運兼管登萊兵巡屯田道副使陶爲海運必難遽增船糧必難立辦等事據登州府呈萬歷四十八年七月十二日蒙本道案驗本年七月十二日准布政司照會本年六月二十九日據經歷司呈抄蒙
巡按山東監察御史陳案驗奉
都察院巡按山東一千六百九十八號勘劄准户部咨前事等因咨行到院煩爲轉行查照本部覆奉

明旨內事理轉行各府州縣將所派米豆務要原數
以供海運其糴價動支新舊加派或州縣平糴本色
那湊備完算定石數毫不容減其用過數目即為造
册報部餘剩作速起解充餉京邊本色不許州縣混
用如有借用者作速補解備咨前來劄行到院案行
到司移照到道備案仰府照依勘劄會案備奉
欽依內事理即便嚴督該府海運州縣將應用米麥
豆務足額數上緊起運施行毋得延緩未便蒙此卷
查萬曆四十七年六月初二日蒙本道憲牌為那運
本色以濟急需事蒙
欽差專督遼餉戶部右侍郎兼都察院右僉都御史
李憲牌前事仰府即查該府所屬應納錢糧或俱

改本色或借倉穀或將新餉廣行召買俱運赴登州
轉運此勢在燃眉凡該解
部錢糧不妨徑行留用
本部院自為主持擔當文到之日速處妥確備由詳
道以憑轉詳施行蒙此又於本年九月十八日蒙本
道憲牌同前事仰府即便轉行所屬州縣作速查照
原行各將一應京邊錢糧發徵本色以濟急運或作
何料理先將應徵起運銀兩改徵本色各數目造册
報道以便春初發運施行毋得再遲致妨運務未便
蒙此除通行遵依訖今蒙前因除將應運米麥豆行
令州縣嚴催刻期發運外為照登屬遼糧二十二萬
五千石大約用銀一十七萬一千八百餘兩內除新

舊餉銀五萬六千五百八十四兩零徵收本色外其
餘糧價并水陸脚費官役廩紅等項悉係動支京邊
起運銀三萬二千三百二十兩零已經應用訖又蒙
司發兗州府加派銀一萬二千三百三十六兩零尚
該不敷銀七萬五百六十餘兩見今各屬紛紛申請
海運乏銀今又奉文補解京邊第銀已支給糧已糴
運實收已取獲矣未運者尚乏銀用而又將何以補
京邊耶事干錢糧本府未敢擅專緣由具呈到道據
此看得登州府所呈應運遼糧二十二萬五千石約
該用銀一十七萬一千八百餘金計該府額編新舊
遼餉僅五萬六千五百八十四兩有零已徵收本色
轉運矣尚需銀價與水陸脚費官丁廩糧等項除遵

督餉部院原行凡該解
部錢糧徑行留用之文動過京邊起運銀三萬二千
三百二十兩零今除司發兗州府加派銀一萬二千
三百三十六兩零濟用外尚有不敷銀七萬五百六
十餘兩方虞措處無策各船裝糧者以缺乏水脚而
不得開洋各船丁壯役過月糧未領者以枵腹環告
而勢同庚癸今乃復有補解動過京邊之撥則止此
京邊一項銀兩既已遵行動過糧已糴買在船似難
變賣以還部額合無徑將登府京邊准其銷算於海
運數內而以別府拖欠遼鎮者責令對數解
部抵作應解京邊則東省之錢糧皆清而登府之京
邊亦清也本道未敢擅專擬合呈詳為此今將前項

緣由理合具呈伏乞
照詳施行
一呈 軍門
一呈 督餉部院
一呈 按院
萬歷四十八年七月十九日
海運摘鈔卷八